AF360655

DE L'ILLÉGALITÉ

DU REMBOURSEMENT.

DE L'ILLÉGALITÉ

DU REMBOURSEMENT,

PRÉCÉDÉE

D'UNE SUPPLIQUE

A LA CHAMBRE.

Justum ac tenacem.

PARIS,

CHEZ LES LIBRAIRES DU PALAIS-ROYAL.

AVRIL 1824.

PARIS, DE L'IMPRIMERIE D'A. ÉGRON,
rue des Noyers, n° 37.

SUPPLIQUE

A LA CHAMBRE.

Age quod agis.

C'est le défaut, c'est le malheur du gouvernement représentatif, que la confection des lois étant déférée à l'action coïncidente de trois pouvoirs, chacun d'entre eux s'imagine être libéré de la responsabilité morale, en en rejetant la charge au compte des pouvoirs collatéraux.

Le Ministre propose, se disant que la Chambre a le droit de refuser sa sanction, et qu'ainsi la loi ne doit l'existence qu'à l'acte de la Chambre. La Chambre adopte, se disant que le Ministre a pris l'initiative, et qu'autrement, la loi ne fût jamais venue à la lumière.

Cependant la loi est mise en exercice, au risque de tous les désastres qui peuvent en advenir : et le Ministère, de même que la Chambre, tout en gémissant sans doute, demeurent en pleine paix ;

car nulle responsabilité n'est imposée à celle-ci, et la responsabilité du Ministère se trouve à couvert.

C'est surtout à l'égard des finances que cette marche vicieuse des choses se montre plus imminente, et même presque inévitable.

Trop souvent les Députés, pris en masse, sont peu versés dans cette sorte de matières ; et par cela seul qu'ils n'y comprennent rien, ils sont facilement amenés à croire que le Ministère y entend mieux qu'eux.

Cet espoir est justifié parfois, et parfois aussi ne se réalise pas. Au premier cas, il suffit que le Ministère y entende mieux que la Chambre, pour que celle-ci doive hésiter d'autant, et examiner avec plus de scrupule ; dans le second cas, l'un et l'autre étant presque également exposés à se tromper ou à être trompés, la raison commande d'ajourner la décision, ou même de se refuser à la prendre.

On ne citera qu'un exemple à l'appui de ces vérités : il est frappant.

Le Ministre des Finances, en 1816, n'était pas destiné à donner au noble Ferdinand, le mémorable exemple de ne jamais reconnaître les dettes de l'usurpation, en dépit de tous les efforts qui pourraient être tentés à l'effet de l'y contraindre.

C'était ainsi qu'on écrivait contre les projets de ce Ministre :

« Un premier trait frappe d'abord, et c'est un trait de foudre. Tout est jeté pêle-mêle dans l'arriéré..... L'arriéré du 20 mars au 8 juillet, et celui du reste de l'année 1815, sont confondus sous un titre générique : il n'est point fait de différence entre les fonds qui se prostituèrent à l'usurpation et les fonds qui ont répondu à l'appel de la légitimité ; la parole du souverain et l'engagement d'un brigand s'accolent en même ligne et se réduisent sous un niveau de fer (1). »

Et ce fut la Chambre introuvable qui sanctionna une telle disposition ! et ce fut la France fidèle qui en subit la dure condition !

Et c'est le même homme qui parlait dans ces temps, qui parle à cette heure ; vaines paroles, sans doute, aujourd'hui comme autrefois : il n'est donné qu'au repentir de porter leçon.

Mais du moins pourquoi tant se hâter, pourquoi précipiter tout ; il n'y a dommage dans la demeure : qui dit le contraire, ne dit pas vrai.

L'opération en elle-même, fût-elle légale et loyale, n'en serait pas moins prématurée et anticipée, et par conséquent hasardée. C'est à peine

---

(1) Notes sommaires sur le Budget de 1816.

si le cours est au pair depuis deux mois; c'est en doute si une hausse aussi soudaine n'est pas factice : et rien ne garantit que des crises d'un ordre quelconque ne viendront pas se jeter à la traverse pendant le long espace de temps qui lui est nécessaire.

Si habile et si prudente, jamais l'Angleterre ne s'est avisée de prendre ainsi la balle au premier bond, et de fonder un plan de longue haleine sur un mouvement de Bourse encore éphémère; jamais l'Angleterre n'a remboursé à la fois au-delà du dixième de sa dette, bien éloignée de tramer un dessein gigantesque qui l'englobe en totalité.

S'il y a de quoi hésiter, de quoi trembler, c'est bien plutôt à résoudre qu'à remettre l'adoption d'une telle loi.

On le sait, les Députés sont pressés, sont poussés : est-ce donc une cause qui doive influer sur eux? Que ne prennent-ils plutôt conseil en sens inverse des conseils dont ils sont obsédés? Que ne gardent-ils patience, d'autant qu'il se dévoile plus d'impatience.

La chose paraît claire. Les Ministres se tiennent pour certains que si le projet était adopté, son exécution pleine et entière ne saurait être enlevée à ses auteurs; et que le mécontentement de leur conduite, l'aversion même de leurs personnes, s'amortiraient devant l'horrible crainte de troubler, de compromettre le succès d'une telle opération.

Ils le croient, et n'ont pas tort; ils ne le disent pas, et ont raison. Mais tout démontre que ce n'est pas la dernière des considérations qui les a déterminés dans ces funestes desseins.

Il n'importe, au reste : quoi qu'il soit dit, quoi qu'il soit fait, la Chambre se rappelle sans doute, et se rappellera de plus en plus, les propres paroles qui ont été déposées, en son nom, au pied du trône.

« Un nouveau mode de renouvellement de la Chambre doit nous être proposé.

« Sire, *la maturité de la réflexion* répondra à l'importance du sujet.

« Les Députés examineront avec les mêmes soins et la même sollicitude le projet qui se rattache à la dette publique. »

Contre une déclaration aussi solennelle, c'est vainement que le Ministre des Finances aura élevé la voix dans la séance du 17 avril.

« L'état où se trouve le cours des fonds publics mérite l'attention de la Chambre. » Cela n'est pas, cela ne sera jamais : si une seule fois la Chambre s'en occupait, elle n'aurait plus que cela à faire, et n'y ferait que du mal.

« La fluctuation qui a lieu à la Bourse favorise l'agiotage. » Il n'y a point de fluctuation : depuis un mois, le cours est aux environs de 102. Ce serait presque le cas de plaindre l'agiotage ; l'usure l'a détrôné et l'accable de son sceptre de fer.

« La Chambre doit sentir qu'en adoptant le projet, le cours se fixera devers cent francs, et qu'en le rejetant, il prendra un très-grand accroissement. » Que la Chambre n'adopte donc pas le projet, car tout le monde gagne sans que personne y perde, au très-grand accroissement du cours.

« La Chambre se déterminera donc à abréger le plus possible le délai.... J'espère en même temps qu'elle ne prononcera pas un ajournement trop éloigné. » Il y a ici un pléonasme ; car si la Chambre abrége le délai, c'est qu'elle ne veut pas ajourner : rien ne prouve mieux quelle impatience tourmente le Ministre.

« Un ajournement trop éloigné pourrait compromettre notablement les intérêts particuliers et les intérêts publics, qu'on ne pourrait séparer sans de grands dangers. » On est d'accord sur ce dernier point ; et c'est par une raison encore ignorée au Trésor, par la raison que l'intérêt public n'est que la somme, par simple voie d'addition, des intérêts particuliers.

Mais que le Ministre, au lieu de l'affirmer simplement, veuille bien prendre la peine de prouver comment l'ajournement devrait être si nuisible

aux uns et aux autres. Il n'y a point de mouvement à la Bourse : que les agioteurs en soient dé-
solés ; il leur est permis de pleurer à leur tour.
Il existe une certaine usure dans les reports : que
les joueurs à la hausse s'en affligent ; nul ne le
trouvera mauvais.

Au reste, la stagnation du cours accorde du
moins un temps raisonnable aux malheureux rentiers pour se décider à gagner les petits 5 francs
au-dessus du pair, ou à réduire leurs dépenses
d'un cinquième. Si cela ne leur fait pas grand bien,
cela ne fait de mal à personne.

Fin. Le Ministère est pressé, car un procès est
en risque, tant qu'il n'est pas gagné ; et en cas de
perte, les épices seraient un peu fortes, un peu
amères pour le demandeur.

Fin. Les joueurs et les agioteurs sont pressés,
ceux-là d'obtenir des reports à trois pour cent par
an, à 25 c. par mois ; ceux-ci de voir rentrer en
mouvement cette mécanique artificieuse de la
Bourse, que leur doigt fait jouer à plaisir, et où
vont s'anéantir tant de modiques existences.

Fin et fin des fins. Notre trinité de banquiers,
la sainte-alliance de la Bourse de Paris, de l'*ex-
change* de Londres et de la synagogue de Francfort, est dévorée et se consume de l'ardente con-
voitise d'être enfin intrônisée, impatronisée dans
la jouissance réelle, ou du moins dans l'expecta-

*

tive certaine de toucher, palper et savourer les immenses bénéfices, qui lui sont alloués de la pleine science et de la grande bonté du Ministre des Finances, soit en sorte de. fiche de consolation, au cas que le projet ne fût pas adopté, soit en nature de dîme, prélevée sur la ruine des rentiers, dans le cas où il passerait en loi ; et cela, en tout état de choses, en quelques circonstances que ce soit, ce qui ne laisse pas que d'être fort agréable, sans bourse délier, sans risques courir.

ILLÉGALITÉ.

(Extrait du Moniteur du 26 mars.)

« U_{NE} ligne du Code civil réfute toutes ces objections. L'art. 1911 porte : La rente constituée en perpétuel est essentiellement rachetable. Il est donc *inutile* que la faculté de remboursement ait été implicitement prévue à l'époque des emprunts, ou explicitement stipulée dans chaque contrat : elle est écrite pour tous dans le texte de la loi. »

(Extrait du Discours du Ministre, du 5 avril.)

« Veut-on la preuve du droit que nous avons de rembourser le capital de notre dette constituée ? qu'on consulte les lois anciennes; qu'on lise les édits rendus pour leur constitution, les titres émis en vertu de ces édits, et on y trouvera positivement exprimée la réserve à toujours de cette faculté en faveur de l'Etat. Veut-on la demander aux lois nouvelles? le Code civil l'a formellement consacrée. Veut-on chercher ce droit dans nos actes particuliers avec nos prêteurs? leur titre porte cinq pour cent. Pourquoi constater le capi-

tal, qui n'est jamais exigible, si ce n'est pour reconnaître qu'il est remboursable à ce taux ? *A défaut de ce moyen,* l'heureuse obligation qu'ils nous
ont, pour ainsi dire, imposée à l'époque où nous
avons fait nos plus forts emprunts, de doter une
caisse d'amortissement pour racheter sans cesse
nos rentes, constaterait qu'ils nous ont seulement
reconnu le droit de les rembourser au pair, mais
encore celui d'en racheter autant que nous le
pourrions à un taux inférieur à celui du capital
nominal auquel elles étaient constituées. »

(Extrait du Rapport de la Commission, du 17 *avril.)*

« La commission a trouvé qu'aucun de ces raisonnemens ne pourrait supporter une *discussion
sérieuse.* D'abord, il n'est pas exact en fait, que
le gouvernement ne se soit jamais réservé la faculté de rembourser ses emprunts. Un édit royal
du mois d'avril 1763 stipule expressément une
réserve de cette espèce. La loi du 24 août 1793,
qui institue le grand livre de la dette publique,
règle, par ses articles 185, 186, 187 et 189, le
mode et la valeur des oppositions qui pourraient
être formées sur le remboursement ; il était donc
admis que l'Etat pouvait se trouver dans le cas
de rembourser, et qu'il en avait le droit. Cette
prévision se trouve encore énoncée *implicitement*
dans tous les emprunts contractés depuis la res-
tauration.

Au surplus, n'eût-on jamais songé à réserver au profit de l'Etat, cette *prérogative*, il la retrouverait encore dans l'*esprit général* de notre législation et dans le texte de l'art. 1911 du Code civil, qu'on a faussement prétendu ne lui être pas applicables. »

On vient de copier mot pour mot le texte de l'article du *Moniteur*, du discours du Ministre, et du rapport de la Commission à l'égard de la légalité du remboursement des rentes. Il paraît que ce n'était pas le point important à leurs yeux; car aucun d'eux n'en parle plus longuement.

Or, les auteurs ou fauteurs de ces documens sont-ils trois, ou ne sont-ils que deux, ou ne sont-ils qu'un? Chacun en pensera comme il lui plaira.

En tout cas, s'il n'apparaît ici qu'un Ministre en trois personnes, l'harmonie n'existe pas entre elles, et chacune des personnes comprises sous l'identité du Ministre, met en avant un argument à sa manière, qui ne s'accorde nullement avec l'opinion des autres; de sorte que ces argumens, pris en masse, se balancent, se neutralisent et s'anéantissent mutuellement.

Il s'échappe d'abord de ce chaos, une vérité palpable et manifeste jusqu'au dernier degré de l'évidence; et cette vérité, c'est que la question a été traitée par la voie synthétique, qu'elle a été d'avance résolue affirmativement en principe et que les motifs légaux n'ont été recherchés qu'ensuite de la détermination finale, qu'en réponse sans doute à des objections confidentielles.

L'anomalie, la discordance de ces motifs en donne la démonstration.

Le *Moniteur :* « L'article 1911 du Code civil réfute toutes ces objections : il est donc inutile que la faculté ait été prévue ou stipulée. »

Le Ministre. « Veut-on la preuve du droit de rembourser? elle est dans les lois anciennes; elle est au Code civil; elle est dans le titre de nos actes.»

Mettons-les en face : ils ne se reconnaissent pas eux-mêmes : le *Moniteur* n'entend qu'à l'article 1911. Le Ministre porte cet article en seconde ligne, et expose deux motifs tout différens.

Passons au rapporteur : son discours s'exprime plus au long. Mais il n'y apparaît qu'un édit royal de 1763; la loi de 1793 survient ensuite, et l'esprit général de notre législation arrive à la queue.

On le demande à qui que ce soit, au Ministre même, s'il daigne le permettre : pourquoi le Code civil a-t-il été présenté tout seul d'abord? pourquoi les lois anciennes et les titres actuels ne sont-ils développés qu'en second lieu? pourquoi, en troisième lieu, ces lois se réduisent-elles à un édit unique de 1763, qui se voit renforcé par une loi de la terreur?

Certes les trois, ou deux, ou un de ces messieurs, ne gardaient point de mystères entre eux, ne. se trompaient point par des réticences. Là lumière devait être commune, et sitôt qu'elle venait à illuminer leurs esprits, le devoir, autant que l'intérêt, leur prescrivait de la transmettre dans toute sa force, aux personnes qu'ils entendaient éclairer ou qu'ils prétendaient éblouir.

Il est donc évident qu'au moment où parut le manifeste du *Moniteur*, toute la légalité de la mesure reposait sur l'art. 1911 du Code civil; et cependant la mesure était dès lors arrêtée et résolue, *ne varietur*.

Ces messieurs n'ont connu qu'après son émission l'art 2 du Code civil, qui prohibe tout effet rétroactif : et, trop prudens pour en parler, mais assez habiles pour craindre qu'il ne fût découvert, ils ont jugé à propos de fouiller à grand'peine dans les archives de la monarchie, de tordre à plaisir l'énonciation des actes nouveaux, et de revêtir toute cette fabrique, du manteau de l'esprit général de la législation.

Rien ne démontre mieux qu'ils ne font foi, ni sur l'un ni sur l'autre de ces différens moyens : et ils ont raison.

On a exposé ailleurs comment l'art. 2 réfutait l'art. 1911 (1). On y ajoutera seulement que jamais encore, il n'était arrivé à un législateur de prendre pour son seul point d'appui, un article

____

(1) Du Bon Droit et du Bon Sens en finances, page 15.

de loi que, dans le même livre, un article précédent mettait à néant.

C'en est fini ainsi avec le *Moniteur.*

Le Ministre est plus complexe : « Veut-on, veut-on, et veut-on encore la preuve de notre droit? On la trouve aux lois anciennes, au Code civil, dans nos actes particuliers. »

La preuve est triple. Que n'est-elle simple, plutôt : et pourquoi, au lieu d'un *veut-on* répété par trois fois, n'est-il pas écrit une seule fois, une bonne fois, *doit-on?*

Or, le *doit-on* ne se résout pas à l'aise comme le *veut-on*, et n'est nullement résolu ici.

Le Code civil a été coulé à fond. Quant à la preuve extraite des titres actuels, chacun sait que le mot de cinq pour cent y fut inséré dans le seul dessein d'assimiler les nouvelles rentes aux anciennes, et de les placer sous leur égide, de sorte qu'elles ne pussent jamais en être démêlées.

Et chacun sait aussi, excepté le Ministre peut-être, que le mot *consolidés* fut ajouté à l'expression de cinq pour cent, toujours dans la même intention ; intention malencontreuse par le fait, puisqu'au lieu d'être garanties du péril par leur fusion avec les anciennes inscriptions, ce sont maintenant les nouvelles inscriptions qui entraînent celles-ci dans un abîme sans fond, dans un abîme impossible à refermer après qu'on a eu le malheur de l'ouvrir.

Au reste, le Ministre ne se refusera pas à subir le jugement de son scribe du Moniteur et de son allié de la commission.

Or, le gagiste s'étayant uniquement de l'article 1911, prononce hautement qu'il est inutile que la faculté ait été prévue ou stipulée : d'où l'on voit qu'il n'avait pas saisi, dans l'expression de cinq pour cent, le sens profond qu'y a découvert son maître.

Quant au rapporteur, bien que sa vue paraisse plus perçante que celle du scribe, il n'a pu apercevoir au texte des titres nouveaux, qu'une prévision, et encore une prévision *implicite*.

A l'égard de la preuve tirée des lois anciennes, avant de connaître le rapport, on se bornait à répondre qu'on en savait moins que le Ministre, pour peu qu'il en sût quelque chose ; et qu'il ne lui restait qu'à présenter à la Chambre les documens nécessaires pour démontrer son assertion.

Mais des armes plus puissantes sont fournies par la plume indépendante du rapporteur. Celui-ci, qui parle après le Ministre, et ne parle pas exprès pour le contredire, n'a pu citer cependant qu'un seul édit d'avril 1763, lequel stipule expressément la réserve du remboursement.

Toutes les lois anciennes et tous les édits de la monarchie, se réduisent donc à un seul édit ; et cet édit atteste lui-même que cette faculté n'était pas de droit commun, n'était pas dans l'esprit général de la législation, puisqu'elle est stipulée expressément, puisqu'elle n'est qualifiée que de réserve. Le mot de *réserve* ne s'applique qu'en cas d'exception, de dérogation à l'usage, et le mot *expressément* signifie qu'il ne s'agit pas d'un droit habituellement reconnu et mis en pratique.

On ose croire maintenant que le Ministre a la bouche fermée, ainsi que l'écrivain du *Moniteur*. Il n'y a plus à s'occuper que du rapporteur de la commission, qui, venant après eux, doit réunir toute leur science dans sa personne.

On va reprendre un à un les passages les plus piquans de son discours.

« D'abord il n'est pas exact en fait que le gouvernement ne se soit jamais réservé la faculté de rembourser les emprunts. »

On retrouve ici ce mot *réservé*, dont l'explication vient d'être donnée. Et avec quelle timidité l'auteur parle-t-il! On croirait qu'il marche sur des charbons! Deux négations se succèdent et s'atténuent d'autant : *Il n'est pas exact que l'Etat ne se soit* etc. Plus de confiance y aurait été portée s'il avait osé dire : *Il est certain que l'État s'est,* etc.

Quant à l'édit d'avril 1763, il porte une réserve expresse : donc les autres édits ne font pas mention de la faculté, ou s'expriment dans un sens tout opposé; l'auteur aurait dû les citer, ou même les présenter. Le silence ne parle pas pour lui; les réticences parlent contre.

Aussi cet édit va-t-il être accolé et étayé d'une loi de 1793, d'une loi conçue par ce *Cambon* qui faisait battre monnaie, on sait comment, sur la place adjacente aux Tuileries, d'une loi consanguine aux lois qui ont fait tomber tant de têtes respectables, et cette tête qui seule était plus précieuse que toutes les autres ensemble.

Serait-ce manquer d'égards au rapporteur ou de révérence envers la Chambre? On l'ignore et on ne s'en enquiert pas. Mais comment peut-il s'échapper de cette loyale tribune, comment peut-il circuler librement dans cette Chambre toute royaliste, une telle parole, un tel souvenir? 24 août 1793, une loi de la terreur! Sans doute celui qui la rappelle n'a pas vu périr toute sa famille sous les coups d'une telle espèce de loi.

Et encore, qu'avait-il à en dire? sinon qu'il y était fait mention des oppositions au remboursement des rentes. Mais est-ce bien du remboursement fait par l'Etat, ou du prix de la vente à un particulier dont il s'agit? le doute est grand à cet égard. On est bien certain, du moins, que cette soi-disante loi dépassait les limites légales, puisqu'elle ordonnait un effet rétroactif.

En a-t-on fini avec le rapporteur? Non; et il eût été plus expédient de raturer tout le passage relatif à la légalité. Ce qui suit est du plus précieux; c'est presque du romantique.

« Il était donc admis que l'Etat avait le droit

de rembourser ; cette *prévision* se trouve encore énoncée implicitement, dans les emprunts actuels. »

Cette prévision ! Ce mot est nouveau, et, comme tel, il ne porte qu'un sens vague ; chose très-commode. On ne pense pas qu'il ait été déjà employé dans la discussion d'un point de droit. Que doit-il y exprimer ? Tout ce qu'il plaira, car l'entente est au diseur.

C'est dommage seulement que le sens de la prévision, que la seconde vue, comme disent les Ecossais, ait manqué absolument aux pauvres rentiers, lorsqu'ils sont entrés au Grand-Livre avec de l'argent qui valait de l'or, pour en être expulsés avec de l'argent qui ne vaut sou.

Pesons et comparons les termes. C'est une prévision qui est énoncée, et qui, en outre, est implicite ; c'est une cause implicite qui se trouve énoncée, autrement, une énonciation qui se montre implicite. Tout cela est clair, sans doute, aussitôt que la logique et la grammaire sont entendues à rebours.

Nous n'y sommes pas. Il n'est plus question du droit de l'Etat ; ce droit se métamorphose en une prérogative que l'Etat se réserve. Au moins, nous entendons cette dernière expression ; mais nous ne l'appliquons qu'à la personne du Souverain, qu'à l'entour de sa couronne.

Dans les rangs élevés de la société, une idée

analogue est rendue par le mot de privilége ; il
eût été plus décent de n'employer que ce dernier
mot, qui n'a d'autre inconvénient que d'être plus
clair, plus connu.

Prérogative ; privilége, sont choses incompa-
tibles, vis-à-vis de la loi qui est égale pour tous,
inadmissibles à l'égard du contrat où les parties
sont mutuellement libres. Le rapporteur n'y re-
garde pas de si près.

Probablement qu'il comprend mieux l'esprit
général de la législation, et il est humblement
supplié de nous expliquer comment cette prérogative s'y retrouverait encore. Sans doute, des articles
de lois consacrent le droit du rembourse-
ment entre particuliers ; mais que ce droit se trouve
dans leur esprit général et qu'il s'y trouve appli-
qué à l'Etat, voilà ce qui nous passe.

De toute la discussion sur le point légal, il ne sur-
nage qu'une vérité bien avérée et que le rapporteur même ne peut dénier. Elle est contenue dans
sa première phrase : « La commission a trouvé
qu'aucun de ces raisonnemens ne pourrait supporter une discussion sérieuse. » Ainsi qu'il fut dit,
il fut fait.

Résumons et compulsons à quels titres l'Etat a le
droit de rembourser les rentiers ou de réduire
leur intérêt de 5 à 4 pour 100.

« Il ne peut y avoir de discussion sérieuse.......
il n'est pas exact en fait que l'Etat ne se soit ja-

mais réservé cette faculté...... Un édit d'avril 1763 stipule expressément une réserve de cette espèce, et une loi d'août 1793 vient à l'appui, avec son effet rétroactif.

« Plus loin, cette prévision se trouve énoncée, implicitement énoncée dans les contrats nouveaux...... Au surplus, cette prérogative se retrouverait encore dans l'esprit général de notre législation. »

Ainsi, sans discussion sérieuse, au moyen d'une réserve expresse et d'un effet rétroactif; avec une prévision et de l'implicite ; avec une prérogative et de l'esprit général, rien n'est plus licite, plus loyal, que d'enlever le cinquième du nécessaire absolu à plus de cent mille familles, qui, du moins, gardent le droit des larmes.

C'est le lieu de rendre une justice éclatante à la sagacité du ministre. Il avait fait, dans le for intérieur, et par anticipation, tous les raisonnemens qui viennent d'être exposés; il s'était fait en lui-même, et pour lui seul, la plus décisive réfutation de tous les argumens qui avaient été ou qui allaient être avancés en faveur de la légalité du remboursement. C'est vraiment un acte de prévision au plus haut degré, et à son égard, l'application de ce mot est parfaite.

Il faut se rappeler que, dans son discours, cette légalité avait été provisoirement résolue en trois façons, par les lois et les édits du vieux temps;

par le code civil ; par nos actes d'emprunts. Tout semblait terminé ; et voilà qu'à cet instant même il s'écrie : *A défaut de ce moyen.*

A défaut de ce moyen ! Mais ce moyen est-il donc verreux ou du moins douteux ? Ce moyen est-il mis en défaut ? Et par qui le défaut est-il reconnu ? Par celui-là même qui en a fait usage.

Vit-on jamais un habile avocat se laisser ainsi prendre par défaut et inventer, entasser des argumens subséquens, à moins qu'au dire même de sa conscience, il n'y eût défaut de justesse ou défaut de puissance dans l'argument capital ?

A défaut de ce moyen. Duquel est-il question ? car il y avait trois moyens mis en avant. S'il n'y en a qu'un qui soit verreux, les deux autres subsistent dans toute leur intégrité, et c'est bien assez sans doute. Il faut donc que les trois moyens aient paru bien faibles, bien incertains ; si le ministre s'est servi du singulier, c'était pour ne pas épouvanter les imaginations.

Et combien tous ces moyens ont dû lui sembler inadmissibles, s'il est permis d'en juger par l'insignifiance de l'argument dont il prétend s'étayer à leur défaut.

Selon lui, l'obligation imposée par les prêteurs de doter une caisse d'amortissement, constate le droit de rembourser les rentes au pair ; comme si cette obligation existait réellement, soit dans la loi, soit dans les contrats ; comme si une obligation imposée avait jamais conféré un droit à la partie passive.

Les prêteurs sont censés avoir exigé que l'Etat rachetât une partie des rentes, à prix défendu, aux porteurs qui désirent vendre ; et le Ministre en conclut qu'il est autorisé à rembourser la totalité des rentes, à un prix commandé, aux porteurs qui ne veulent pas vendre.

L'Etat, soit par obligation, soit de sa pleine volonté, est en pouvoir d'acheter des rentes au cours de la Bourse, au-dessous du pair ; et le Ministre en déduit qu'il a de même le pouvoir de saisir, de dérober la rente aux mains des détenteurs, moyennant son paiement au prétendu pair. L'Etat peut transiger au prix vénal ; donc il peut confisquer au pair nominal. Et c'est là-dessus qu'il a été possible de bâtir quelques phrases.

On en reste là. Le Ministre se montre le meilleur défenseur de la cause sacrée qu'il attaqua. Cette sorte de contre-argument qui lui échappe, sape et foudroie son système, mille fois mieux que tous nos argumens.

L'État n'a point le droit de rembourser les rentes : voilà ce qu'il fallait démontrer, et c'est au ministre à qui en revient tout l'honneur.

FIN.

PARIS, A. ÉGRON, IMPRIMEUR, RUE DES NOYERS, N° 37.

POST-SCRIPTUM, du 24 avril.

LE bruit se répand que la réduction ne sera adoptée par la Chambre qu'à quatre et demi.

Dans l'intérêt de l'État, cela paraît plus facile pour l'exécution et moins périlleux en cas de crise imprévue.

Dans l'intérêt des rentiers, cela indique que leur sort inspire quelque pitié, et que la faiblesse seule s'oppose au rejet de la loi.

En principe, le vice est le même. La Chambre, ainsi que le ministre, part d'un droit légal qui n'existe pas, et viole les éternelles lois de l'équité et de l'humanité.

En résultat, l'opinion s'établira, que ce premier pas sera suivi d'un autre, de deux autres peut-être; de sorte qu'un nombre immense de rentiers profiteront de l'intervalle pour chercher d'autres placemens et sortir de la rente, d'où il s'en suivra une baisse considérable.

D'ailleurs, qu'est-ce qu'une épargne de quatorze millions sur un budget de plus de neuf cent millions; et comment, lorsqu'elle est limitée à cette somme, pourrait-on hésiter à la prélever sur les trente-trois millions de rente de la Caisse d'Amortissement?

La Chambre parviendra à reconnaître qu'un projet, entaché à la fois d'illégalité et d'immoralité, n'est susceptible de s'amender en aucune manière.

Et, peut-être finira-t-elle par s'apercevoir que, perdre du terrain, c'est battre en retraite, et que battre en retraite, c'est rendre les armes.

La Chambre a remporté la victoire : qu'elle use du droit de la guerre avec générosité, s'il lui plaît.

On s'écriait pour les rentiers : *res sacra miser.* On ne dira point contre les ministres : *væ victis.*

« L'âme n'entend qu'à pitié. »

PREMIER ATLAS
DE L'ENFANCE

comprenant :

1° UN PETIT TRAITÉ DE GÉOGRAPHIE SOMMAIRE
AVEC GRAVURES DANS LE TEXTE ;
2° NEUF CARTES GÉOGRAPHIQUES COLORIÉES

par

CH. PÉRIGOT

Agrégé de l'Université
Professeur d'histoire et de géographie au Lycée impérial de Douai
membre de la Société de géographie de Paris.

PARIS

DEZOBRY, F^d TANDOU ET Cie, LIBRAIRES-ÉDITEURS

RUE DES ÉCOLES, 78

1863

TABLE DES MATIÈRES.

LISTE DES CARTES.

Toutes nos éditions sont revêtues de notre griffe.

PETITE
GÉOGRAPHIE ÉLÉMENTAIRE

SERVANT A EXPLIQUER LES CARTES

DU PREMIER ATLAS DE L'ENFANCE

CHAPITRE IER

DÉFINITIONS.

§ 1. **Mouvement de la Terre.** — La *géographie* est la description de la TERRE.

La *Terre* tourne autour du Soleil en trois cent soixante-cinq jours ou une *année*.

Elle tourne en même temps sur elle-même dans l'espace de vingt-quatre heures ou d'un *jour*. Ce double mouvement de la Terre sur elle-même et autour du soleil ressemble au double mouvement que fait une toupie, qui, en même temps qu'elle tourne sur sa pointe, décrit un cercle sur la surface où elle est lancée.

La *Lune*, qui éclaire aussi la Terre, tourne autour d'elle en un mois. — Ce double mou-

vement de la Terre et de la Lune est repré-
senté dans la *figure ci-dessous :*

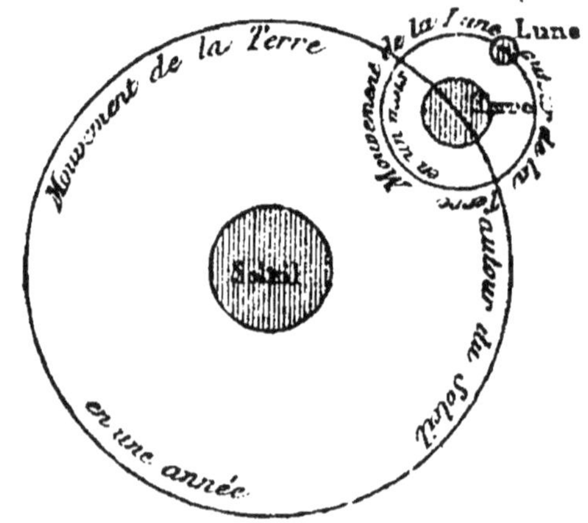

!Mouvement de la Terre et de la Lune.

Les Jours et les Nuits. La Terre, en tour-
nant autour du Soleil, lui présente successi-
vement les divers points de sa surface : c'est ce
qui fait que nous avons le *jour*, quand la partie de la terre que nous habitons est tournée
vers le soleil, et que nous avons la *nuit*, quand
elle est tournée à l'opposé de cet astre.

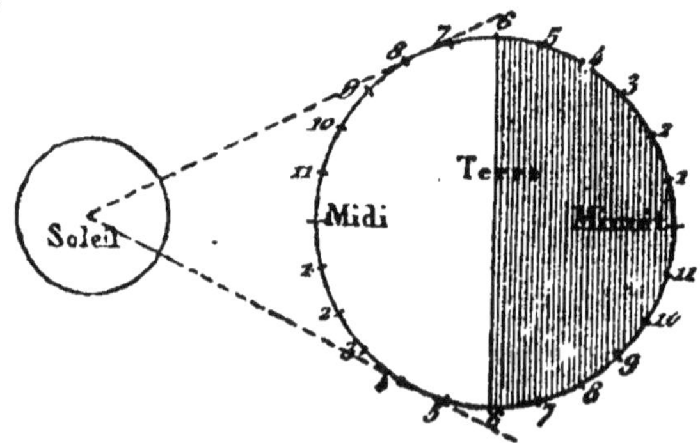

Les Jours et les Nuits.

Le jour et la nuit sont divisés l'un et l'autre en douze heures. On appelle *midi* le milieu du jour, *minuit* le milieu de la nuit.

§ 2. Forme de la terre. — La Terre a la forme d'une *sphère* ou d'un *globe*, c'est-à-dire d'une boule.

Ce qui prouve que la Terre est ronde, c'est qu'une personne placée sur le rivage de la mer, et voyant venir un vaisseau de bien loin, ne distingue d'abord que le haut des mâts, puis, à mesure qu'il approche, voit les voiles, avant d'apercevoir le corps du vaisseau, parce que celui-ci est encore caché par la courbure de la mer, qui suit exactement celle de la Terre : si la Terre n'était pas ronde, le corps du vaisseau, qui est beaucoup plus considérable que les voiles et les mâts, serait aperçu le premier. — La *figure ci-dessous* démontre cet effet dans deux positions pour le navire.

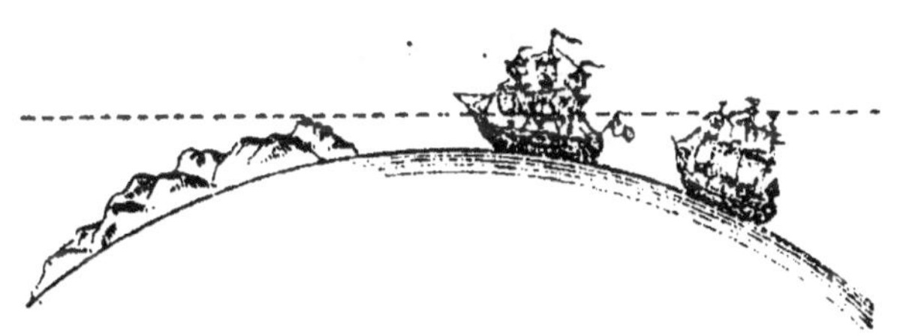

Démonstration de la forme de la Terre.

Lorsque nous sommes dans une plaine, notre vue est bornée de tous les côtés par une limite qu'on appelle *horizon*, où le ciel semble descendre jusqu'à la Terre.

§ 3. **Points cardinaux.** — **On** distingue dans cet horizon quatre points qu'on appelle *points cardinaux*, c'est-à-dire principaux.

Le côté où le soleil semble se lever le matin se nomme *Est, Levant* ou *Orient.*

Le côté où il semble se coucher et qui est opposé au précédent, se nomme *Ouest, Couchant* ou *Occident.* — Suivez cette explication sur la fig. ci-dessous, appelée *Rose des vents.*

Le point où nous voyons le soleil au milieu du jour, à midi, s'appelle *Midi* ou *Sud.*

Le point opposé à ce dernier est le *Nord* ou *Septentrion.*

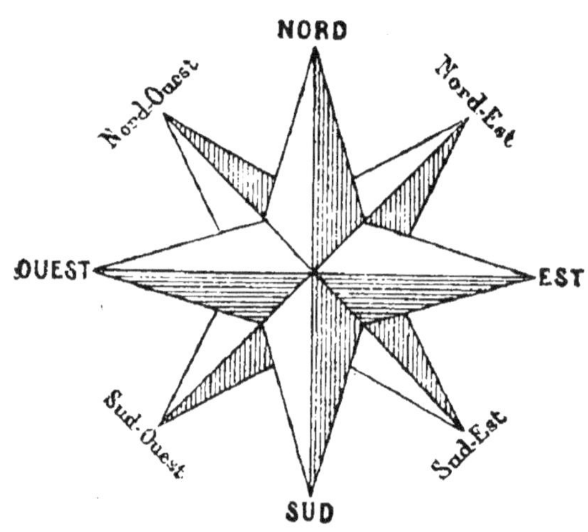

Rose des Vents.

On distingue aussi quatre points *intermédiaires*, c'est-à-dire placés entre les quatre points principaux; ce sont : le *Nord-Est* et le *Nord-Ouest;* le *Sud-Est* et le *Sud-Ouest.*

Dans une carte, on place le *nord* dans le haut de la carte, le *midi* dans le bas, l'*est* à droite, et l'*ouest* à gauche.

§ 4. Cercles de la sphère. — On appelle *axe* de la Terre une ligne imaginaire sur laquelle la terre tourne sur elle-même. — Suivez la démonstration sur la *figure ci-dessous*, et faites attention aux légendes.

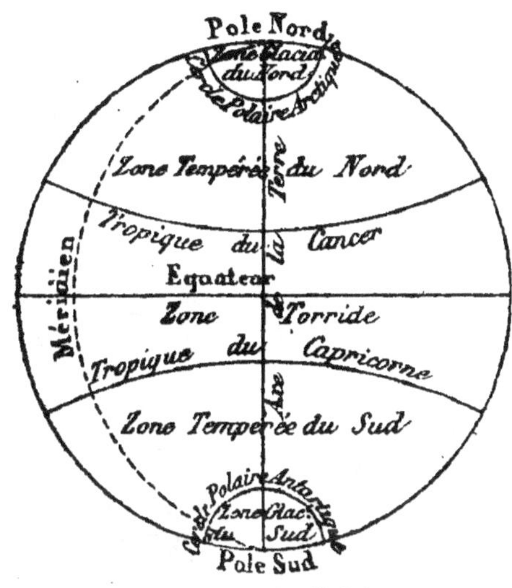

Cercles de la Sphère.

On appelle pôles les deux extrémités de cet axe ; l'un est le *pôle nord ;* l'autre, le *pôle sud.*

L'*équateur* est un grand cercle tracé à égale distance des deux pôles : il sépare le globe en deux.

On distingue encore quatre autres cercles tracés dans le même sens que l'équateur en dessus et en dessous, ce sont le *tropique du cancer* et le *tropique du capricorne* qui renferment la partie la plus chaude de la Terre, ou *zone torride.*

A peu de distance des pôles, le *cercle polaire arctique* au nord, le *cercle polaire antarctique* au sud, qui renferment les parties les plus froides de la terre, dites *zone glaciale* du nord et *zone glaciale* du sud.

Entre les deux cercles polaires et les deux tropiques sont les deux *zones tempérées*, celle du nord et celle du sud.

Le *méridien* est un grand cercle qui coupe l'équateur en passant par les deux pôles.

·§.5. **Noms donnés aux eaux.** — Les eaux occupent sur le globe un bien plus grand espace que les terres, surtout dans la partie située au sud de l'Équateur. — Voyez sur la *figure ci-dessous*, et faites attention aux noms qui y sont écrits.

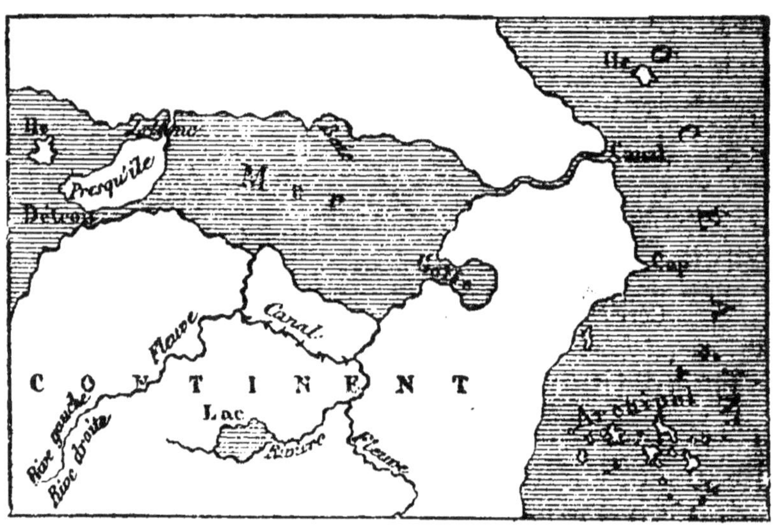

Les Eaux et les Continents.

On appelle *océans* les étendues d'eau les plus considérables;

Mers, les espaces moins considérables que les océans;

Golfes ou *baies*, des parties de mer qui s'avancent dans les terres, soit continents, soit îles.

Détroits, des espaces de mer resserrés entre deux terres et qui réunissent une mer avec une autre : quand le détroit est très-resserré, et que ses deux rives se correspondent, on l'appelle *canal*, comme par exemple en Europe, le *canal de Constantinople* entre la mer Noire et la mer de Marmara. Les eaux des océans, mers, golfes ou détroits sont des eaux salées.

Parmi les eaux douces on remarque les *lacs*, amas d'eaux situées dans les terres et qui généralement s'écoulent à la mer par un *fleuve*. Celui-ci est un cours d'eau considérable se rendant directement à la mer.

Le lieu d'où il sort s'appelle sa *source;*

Celui où il tombe dans la mer, son *embouchure.*

Sa *rive droite* et sa *rive gauche* sont les bords qui se trouvent à droite et à gauche de la personne qui est tournée vers son embouchure.

On appelle *rivières* ou *confluents* les cours d'eau moins considérables qui se jettent dans les fleuves.

L'endroit où ils se rencontrent est leur *confluent.*

Quelquefois le *lit* d'un fleuve, c'est-à-dire le consià creux sur lequel il coule, s'abaisse brusquement : alors il se produit ce que l'on appelle une *cascade*, une *chute*, ou une *cataracte.*

La *cascade* est une pente très-rapide, hérissée de rochers où l'eau se précipite en faisant mille sauts et ressauts, et arrive dans le lit inférieur tout écumante et bouillonnante. Les cascades ne sont pas rares, surtout dans les pays de montagnes.

Cascade de Gavarnie

On en trouve de très-belles dans les Alpes, dans les Pyrénées, etc. Nous donnons ici la vue de la *cascade de Gavarnie*, village du département des Hautes-Pyrénées, où le Gave se précipite avec fracas sur une pente d'une hauteur de quatre cent vingt mètres !

Lorsque l'eau tombe droit, c'est-à-dire perpendiculairement, du supérieur dans l'inférieur, c'est une *Chute*. La figure ci-contre représente la *Chute du Rhin*, près du village de Laufen, en Suisse, canton de Zurich. Elle tombe d'une hauteur de cent vingt-cinq mètres,

Chute du Rhin.

au moins. C'est la plus haute chute qui existe en Europe.

Enfin la *Cataracte* est la chute d'un très-grand fleuve, tombant soit en cascades, comme le Nil, dans la haute Égypte; comme le Niagara, fleuve de l'Amérique, entre les États-Unis et le Canada. Nous donnons ci-dessous la vue de cette dernière Cataracte, qui tombe d'une hauteur de cinquante mètres.

Cataracte du Niagara.

On appelle *canal*, un cours d'eau creusé par les hommes pour réunir deux rivières éloignées et faciliter par là les relations du commerce.

§ 6. **Noms donnés aux terres.** — Les terres ou parties solides se divisent en *continents* et en *îles*. Les *continents* sont les masses les plus considérables de terres *qui se tiennent ensemble.* — Voyez la *carte* mise à la page suivante, et suivez-y les définitions.

Les *îles* sont des espaces beaucoup moins considérables entourés d'eau de tous côtés. —

On appelle *archipels* la réunion d'un grand nombre d'*îles*.

On appelle *presqu'îles* ou *péninsules* des parties du continent qui sont baignées de trois côtés par la mer et rattachées à la terre ferme par un seul côté généralement étroit qu'on appelle *isthme*.

Les *caps* ou *promontoires* sont les extrémités des terres qui s'avancent dans la mer : celles qui sont basses et aiguës s'appellent des *pointes*.

Dans l'intérieur des terres, on distingue les *montagnes* et les *plaines*.

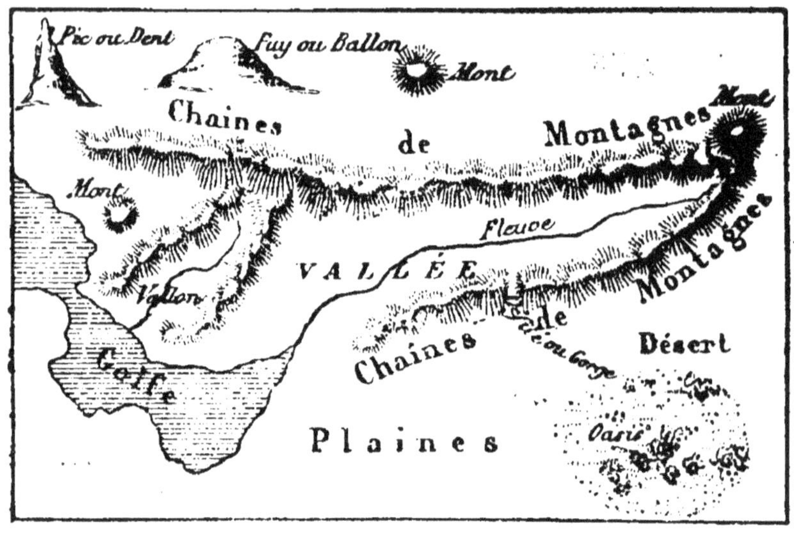

Carte des signes géographiques.

Les montagnes sont les parties de terre qui s'élèvent beaucoup au-dessus des terres environnantes; si elles se rattachent les unes aux autres sur un long espace par leur partie inférieure, appelée *base* ou *pied*, ce sont des *chaînes de montagnes*; leurs points les plus élevés se nomment *sommets*; *pics* ou *dents* s'ils

sont aigus; *puys* ou *ballons*, s'ils sont arrondis.

L'espace situé entre deux chaînes de montagnes est une *vallée* si l'espace est très-vaste, ou un *vallon* si l'espace est peu ou médiocrement large; il est généralement arrosé par un cours d'eau.

Les passages resserrés entre deux montagnes ne sont ni des vallées ni des vallons, on les appelle des *gorges* ou des défilés. Ce sont souvent les seuls passages par où il est possible de communiquer d'un pays à un autre, à travers dés accumulations de montagnes escarpées, qui font comme une immense muraille naturelle. — La figure ci-dessous représente un *Défilé* dans la vallée de Goldau, en Suisse, canton de Switz.

Défilé dans la vallée de Goldau.

Une montagne peu élevée est une *colline*.

On distingue deux espèces de montagnes:

les *volcans*, montagnes qui vomissent des flammes ou de la fumée par une ouverture appelée *cratère*; les *glaciers*, couverts de glaces éternelles. — Voyez à la figure ci-dessous, un exemple de montagne à volcan; c'est le *Vésuve*, situé à 1 kilomètre de Naples, et à peu de distance de la mer.

Vue du Vésuve.

Les montagnes à glaciers ou à neiges sont toujours extrêmement hautes, parce que ce n'est qu'à une très-grande hauteur que la glace ou la neige ne fondent jamais entièrement. Une des plus célèbres montagnes de ce genre est le *Chimborazo*, dans l'Amérique du sud, et l'un des sommets de la grande chaîne appelée les Andes. Il est à six mille cinq cent trente mètres au-dessus du niveau de la mer. Nous en donnons la figure à la page ci-contre.

Les *plaines* sont des espaces unis : quand elles sont arides, on les appelle *landes*, et si ces espaces incultes sont très-considérables, on les nomme *déserts;* ces déserts renferment des parties fertiles appelées *oasis.*

Le mont Chimborazo.

CHAPITRE II

GÉNÉRALITÉS.

§ 1. Cartes. — La manière la plus exacte de représenter la terre serait d'avoir un *globe* sur lequel on dessinerait tous les contours de notre planète. A défaut de globes, on se sert de surfaces plates, appelées *cartes.* On appelle *mappemondes* les cartes sur lesquelles la surface tout entière du globe est représentée.

Cherchez la carte première de cet atlas. La terre y est divisée en deux parties circulaires appelées *hémisphères* ou demi-globes. Figurez-vous une boule qui a été coupée par le milieu, de haut en bas, et dont on a ramené les deux parties en avant en les réunissant au milieu par une charnière.

§ 2. Continents. Parties du monde. — Il y a deux continents : *l'ancien continent*, appelé ainsi parce qu'il a été connu des anciens. Il se compose de trois parties du monde, *l'Europe* à l'ouest, *l'Asie* à l'est et *l'Afrique* au sud.

Le *nouveau continent* est ainsi nommé parce qu'il est beaucoup plus récemment connu que l'autre, n'ayant été découvert qu'en 1492 par Christophe Colomb. Il est formé d'une seule partie du monde, *l'Amérique*, divisée en deux grandes parties, *l'Amérique du nord* et *l'Amérique du sud*.

Il y a une cinquième partie du monde, *l'Océanie*. Elle ne forme pas un troisième continent, puisque au lieu d'être composée de plusieurs grandes terres *qui se tiennent*, comme l'indique le mot de *continent*, elle est formée *d'une infinité d'îles répandues dans l'Océan ;* de là son nom *d'Océanie :* la terre principale qu'elle renferme, *l'Australie*, n'est que la plus grande île du globe.

§ 3. Océans. — On distingue cinq *Océans :*

1° *L'océan Glacial arctique*, entre le pôle nord et le cercle polaire arctique, au nord de l'Europe, de l'Asie et de l'Amérique septentrionale ;

2° *L'océan Atlantique*, entre le cercle polaire arctique au nord, le cercle polaire antarctique au sud, l'Europe et l'Afrique à l'est, les deux Amériques à l'ouest;

3° *L'océan Indien*, entre l'Asie au nord, l'Afrique à l'ouest, l'Océanie à l'est et le cercle polaire antarctique au sud;

4° *Le Grand océan*, appelé aussi *océan Pacifique*, entre le cercle polaire arctique au nord, l'Asie et l'Océanie à l'ouest, le cercle polaire antarctique au sud, les deux Amériques à l'est;

5° *L'océan Glacial antarctique*, entre le cercle polaire antarctique et le pôle sud, et ne baignant que quelques terres glacées à peu près inconnues.

CHAPITRE III

EUROPE.

§ 1. **Géographie physique.** — La *géographie physique* d'un pays est la description des accidents *physiques* ou *naturels*, comme les mers, lacs, fleuves, montagnes, etc.

§ 2. **Bornes.** — L'Europe est bornée au nord par *l'océan Glacial arctique*, qui forme la *mer Blanche*; à l'ouest par *l'océan Atlantique*, avec les *golfes de Bothnie* et de *Finlande* et le *détroit du Sund*; la *mer du Nord* avec le *détroit du Pas-de-Calais*; la *Manche*; la *mer d'Irlande*; le *golfe de Gascogne*.

Au sud, elle est bornée par le *détroit de Gibraltar*; la MÉDITERRANÉE, vaste mer intérieure *située au milieu des terres*, formée par l'océan Atlantique et qui forme elle-même la *mer Adriatique*, la *mer Ionienne*, *l'Archipel*, le *détroit des Dardanelles*, la *mer de Marmara*, le *canal de Constantinople*, la *mer Noire* et la *mer d'Azow*; l'Europe est ensuite bornée encore au sud par le *mont Caucase*.

A l'est, elle est limitée par la *mer Caspienne*, le *fleuve Oural* et les *monts Ourals*.

Ses deux caps principaux sont : au nord, le *cap Nord*, dans l'océan Glacial arctique; au sud, le *cap Matapan*, dans la Méditerranée.

§ 3. **Iles.** — Parmi les îles, on distingue : dans l'océan Atlantique, l'*Irlande*, les *îles Féroé*, et le groupe des *îles Britanniques*, composé des *Shetland*, des *Orcades*, des *Hébrides*, de l'*Irlande* et de la *Grande-Bretagne* proprement dite, comprement l'Écosse et l'Angleterre.

Dans la Méditerranée, les *Baléares*, la *Corse*, la *Sardaigne*, la *Sicile*, *Malte*, *Candie* et les îles de l'*Archipel*.

§ 4. **Presqu'îles.** — On remarque deux presqu'îles principales : la *presqu'île de Crimée*, au sud de la Russie, à laquelle elle est unie par l'*isthme de Pérékop*; la *presqu'île de Morée*; au sud de la Grèce, à laquelle elle est jointe par l'*isthme de Corinthe*.

Entrons maintenant dans l'intérieur des terres et remarquons les fleuves qui les arrosent :

§ 5. Fleuves. — La mer Blanche reçoit la *Dwina*, la Baltique reçoit la *Tornéa* au nord, la *Duna*, le *Niémen*, la *Vistule* et l'*Oder* au sud.

Dans la mer du Nord tombent l'*Elbe*, le *Rhin*, et la *Tamise* en Angleterre.

Dans la Manche, la *Seine*.

Dans le golfe de Gascogne, la *Loire* et la *Gironde*, formée de la réunion de la Garonne et de la Dordogne.

Dans l'océan Atlantique proprement dit. le *Douro*, le *Tage* et le *Guadalquivir*.

Dans la Méditerranée se jettent l'*Èbre*. le *Rhône*, le *Tibre*.

Dans l'Adriatique, le *Pô*.

Dans la mer Noire, le *Danube*, le *Dniester* et le *Dnieper*.

Dans la mer d'Azow, le *Don*.

Dans la mer Caspienne, le *Volga* et l'*Oural*.

Les principaux lacs sont :

§ 6. Lacs. — Les lacs *Ladoga* et *Onéga* au nord de la Russie.

Wetter et *Wener* au sud de la Suède.

En Suisse, les lacs de *Constance* et de *Genève*, traversés le premier par le Rhin, le second par le Rhône.

§ 7. Montagnes. — Parmi les montagnes, on distingue :

Les *Pyrénées*, entre l'Espagne et la France.

Les *Cévennes*, en France.

Le *Jura*, entre la France et la Suisse.

Les *Alpes*, entre la France, l'Italie, la Suisse et l'Allemagne.

Les *Apennins*, en Italie; les *Balkans,* en Turquie.

Les *Carpathes*, en Autriche.

Les *Dofrines*, entre la Suède et la Norvége.

Il y a trois volcans : l'*Hékla*, en Islande; le *Vésuve*, au sud de l'Italie; l'*Etna*, en Sicile.

§ 8. **Géographie politique.** — La *Géographie politique* d'une partie du monde est la description des *États politiques* qui la composent, c'est-à-dire des réunions d'hommes vivant en société sous les mêmes lois, avec leurs *capitales* ou principales villes.

§ 9. On compte trois États au nord de l'Europe :

1° La Suède, capitale *Stockholm;*

2° La Norvége, capitale *Christiania;*

Ces deux États ont le même souverain.

3° Le Danemark, formé d'une partie continentale et de plusieurs îles, entre la Baltique et la mer du Nord, avec les Féroé et l'Islande au nord de l'Europe; capitale *Copenhague.*

§ 10. — Deux États au centre de l'Europe :

1° L'Allemagne, appelée aussi Confédération germanique, ou réunion de plusieurs États germains ou allemands qui se sont confédérés ou associés pour mieux se défendre; la capitale de la Confédération est *Francfort;* mais sur les trente-cinq États qui la composent,

il faut en remarquer deux très-considérables;
au sud, l'AUTRICHE, capitale *Vienne ;* au nord,
la PRUSSE, capitale *Berlin ;*

2° La SUISSE ou CONFÉDÉRATION HELVÉTIQUE,
composée aussi de plusieurs pays, appelés les
vingt-deux cantons ; capitale *Berne.*

§ 11. — Quatre États à l'ouest de l'Europe :

1° Les ÎLES-BRITANNIQUES, composées de
trois royaumes unis sous le même gouvernement : l'ANGLETERRE, capitale *Londres,* capitale de toute la monarchie ; l'ÉCOSSE, capitale
Édimbourg ; l'IRLANDE, capitale *Dublin ;*

2° Les PAYS-BAS ou HOLLANDE, capitales *la
Haye* et *Amsterdam ;*

3° La BELGIQUE, capitale *Bruxelles ;*

4° La FRANCE, à qui appartient la Corse, capitale *Paris.*

§ 12. — Six États au sud de l'Europe :

1° Le PORTUGAL, capitale *Lisbonne ;*

2° L'ESPAGNE, dont dépendent les îles Baléares, capitale *Madrid ;*

3° Le royaume d'ITALIE, à qui appartiennent
la Sardaigne et la Sicile, capitale *Turin ;*

4° L'ÉTAT DU PAPE ou de l'ÉGLISE, capitale
Rome ;

5° La GRÈCE, capitale *Athènes ;*

6° La TURQUIE, capitale *Constantinople.*

Un État à l'est.

§ 13. — La RUSSIE, capitales *Saint-Péters-
bourg* et *Moscou :* à la Russie proprement dite

sont joints deux autres pays, au nord la **Finlande**, et à l'ouest, la **Pologne**, capitale **Varsovie**.

L'Europe est la plus petite, mais la plus civilisée et la plus commerçante des cinq parties du monde.

CHAPITRE IV

ASIE.

§ 1. **Géographie physique**. — L'Asie, la plus grande des trois parties de l'ancien continent, est bornée au nord par l'*océan Glacial* et par le *détroit de Behring*, qui la sépare de l'Amérique.

A l'est, elle est limitée par le *Grand océan*, qui forme les *mers de Behring*, d'*Okhotsk*, du *Japon*, la *mer Jaune*, la *mer Bleue*, la *mer de Chine* et le *détroit de Malacca*, qui la sépare de l'Océanie.

Au sud, l'Asie a pour bornes : l'*océan Indien*, qui forme le *golfe du Bengale* et la *mer d'Oman*, formant elle-même le *golfe Persique* et le *golfe Arabique* ou *mer Rouge*.

A l'ouest, elle est séparée de l'Afrique par l'*isthme de Suez*, et de l'Europe par la *Méditerranée*, l'*Archipel*, le *détroit des Dardanelles*, la *mer de Marmara*, le *canal de Constantinople*, la *mer Noire*, le *Caucase*, la *Caspienne*, le *fleuve Oural* et les *monts Ourals*.

§ 2. **Fleuves.** — Les fleuves sont : dans l'océan Glacial, l'*Obi*, l'*Iénisséi*, dont un des affluents traverse le *lac Baïkal*; la *Léna*;

Dans le Grand océan : le *fleuve Amour*, le *fleuve Jaune*, le *fleuve Bleu* et le *Cambodje*.

Dans l'océan Indien, le *Gange*, l'*Indus* et le *Chât-el-Arab*, formé de la réunion du Tigre et de l'Euphrate.

La Caspienne reçoit l'*Oural*. Auprès d'elle est un autre vaste lac ou mer isolée, le *lac Aral*, qui reçoit le *Sihoun* et le *Djihoun*.

§ 3. **Description politique.** — Un État au nord :
La SIBÉRIE, qui appartient à la Russie, capitale *Tobolsk*.

§ 4. — Deux États à l'est :

1° L'EMPIRE CHINOIS, dont la partie principale est la Chine propre; capitale *Pékin*; villes principales : *Nankin* et *Canton*;

2° Le JAPON, formé d'îles; capitale *Yedo*.

§ 5. — Deux États au sud :

1° L'INDO-CHINE, avec la presqu'île de Malacca; le principal État est la COCHINCHINE, capitale *Hué*. La France possède le sud de ce pays, où est la ville de *Saïgong*.

2° L'INDE ou INDOUSTAN, avec l'île de Ceylan, appartient aux Anglais; capitale *Calcutta*. La France y possède la ville de *Pondichéry*.

§ 6. — Sept États à l'ouest :

1° Le BELOUTCHISTAN, capitale *Kélat*;

2° L'AFGHANISTAN, capitale *Caboul*;

3° Le ROYAUME D'HÉRAT, capitale *Hérat ;*

4° Le TURKESTAN, capitale *Khiva ;*

5° La PERSE, capitale *Téhéran ;*

6° La RUSSIE DU CAUCASE, capitale *Tiflis ;*

7° La TURQUIE D'ASIE, qui avec l'Asie-Mineure, située entre la mer Noire, l'Archipel et la Méditerranée, comprend aussi la Syrie, le long de cette dernière mer et l'ouest de l'Arabie ; villes principales : *Smyrne, Jérusalem* et *la Mecque.*

L'Asie produit l'or, l'argent, les diamants. le thé, l'indigo, le café, les parfums, etc.

CHAPITRE V

AFRIQUE.

§ 1. **Géographie physique.** — L'Afrique est bornée au nord par la *Méditerranée* et le *détroit de Gibraltar.*

A l'ouest par l'*océan Atlantique.*

A l'est par l'*océan Indien* qui forme le *golfe Arabique* ou *mer Rouge.*

Au sud, elle est terminée par le *cap de Bonne-Espérance,* où viennent se réunir les eaux des deux océans.

§ 2. **Iles.** — Les îles sont :

Dans l'océan Atlantique : les *Açores, Madère* et les *îles du Cap Vert,* aux Portugais ; les *Canaries,* aux Espagnols ; l'*Ascension* et *Sainte-Hélène,* aux Anglais ;

Dans l'océan Indien : *Socotora*, les *Seychelles* et la grande île de *Madagascar*, près de laquelle la France possède *la Réunion*, et les Anglais *l'île Maurice*.

§ 3. Montagnes.—Au nord, l'*Atlas*; à l'ouest, les *montagnes de Kong*; à l'est, les *monts Lupata*.

§ 4. Fleuves. — Les fleuves sont : le *Nil*, formé de deux bras, le *Nil blanc* et le *Nil bleu*; il tombe dans la Méditerranée.

Le *Sénégal*, la *Gambie*, le *Niger*, le *Zaïre* ou *Congo*, et l'*Orange* se jettent dans l'Atlantique.

Le *Zambèze*, dans l'océan Indien.

§ 5. Lacs. — On remarque plusieurs grands lacs intérieurs : le *lac Tchad*, au nord; les lacs *Ujiji* et *Ukéréwé*, au centre.

§ 6. Géographie politique.—Il y a six États au nord :

1° Le MAROC, capitale *Maroc;*

2° L'ALGÉRIE, à la France ; capitale *Alger;*

3° TUNIS, capitale *Tunis;*

4° TRIPOLI, capitale *Tripoli;*

5° L'ÉGYPTE, capitale *le Caire;* ville principale *Alexandrie;* de l'Égypte dépend la *Nubie*, ville principale *Khartoum;*

6° L'ABYSSINIE, capitale *Gondar.*

§ 7. — Au sud de ces États est le *Sahara* ou *Grand désert*, vaste espace inculte où se rencontrent seulement quelques cantons fertiles appelés *oasis*.

§ 8. — A l'ouest, deux pays :

1° SÉNÉGAMBIE, ville principale *Saint-Louis*, à la France ;

2° La GUINÉE, avec le port de *Gabon*, à la France.

§ 9. — Au centre : la NIGRITIE ou SOUDAN, ville principale *Tombouctou*.

§ 10. — Au sud, quatre pays :

1° Le CONGO, ville principale *Saint-Paul de Loanda*, aux Portugais ;

2° La CAFRERIE, pays peu connu ;

3° La COLONIE DU CAP, capitale *le Cap*, aux Anglais ;

4° Le MOZAMBIQUE, capitale *Mozambique*, aux Portugais.

§ 11. — A l'est, pays principal :

Le ZANGUEBAR, capitale *Zanzibar*.

L'Afrique produit la poudre d'or, de l'ivoire, des plumes d'autruche, du sucre, du café, etc.

CHAPITRE VI

AMÉRIQUE.

§ 1. **Géographie physique.** — L'Amérique est bornée au nord par l'*Océan glacial arctique*, qui forme les *mers de Baffin* et *d'Hudson*.

A l'ouest par le *détroit de Behring*, la *mer de Behring* et le *Grand océan*.

A l'est par l'*océan Atlantique*, qui forme le *golfe du Mexique* et la *mer des Antilles*.

Au sud, elle est terminée par le *cap Horn*,

où se réunissent les eaux des deux océans.

Elle forme deux grandes parties, l'AMÉRIQUE DU NORD et l'AMÉRIQUE DU SUD, réunies par l'*isthme de Panama*.

§ 2. Montagnes. — Elle est parcourue du nord au sud par une longue chaîne de montagnes, appelées *montagnes Rocheuses* dans l'Amérique du Nord, *Andes* ou *Cordillères* dans l'Amérique du sud.

§ 3. Fleuves. — Les fleuves sont : dans l'Océan glacial, le *Mackensie*.

Dans l'Océan Atlantique, le *Saint-Laurent*, qui traverse les cinq grands *lacs Supérieur*, *Michigan*, *Huron*, *Erié* et *Ontario;* le *Mississipi*, grossi du *Missouri*.

Dans l'Amérique du sud : l'*Orénoque;* le *fleuve des Amazones;* le *fleuve de la Plata*, formé de l'*Uruguay*, du *Parana* et du *Paraguay*.

§ 4. Géographie politique. — On distingue dans l'Amérique du nord :

1° L'AMÉRIQUE RUSSE, pays presque désert;

2° Les TERRES ARCTIQUES et la NOUVELLE-BRETAGNE, aux Anglais; la partie principale s'appelle CANADA, capitale *Québec*, et renferme l'île de Terre-Neuve, où l'on pêche la morue;

3° Le GROENLAND, pays peu connu, au Danemark;

4° Les ÉTATS-UNIS, capitale *Washington;* villes principales *New-York* et *la Nouvelle-Orléans;*

5° Le MEXIQUE, capitale *Mexico;*

6° L'AMÉRIQUE CENTRALE, ville principale *Guatémala;*

7° Un *archipel* ou grande réunion d'îles, celui des ANTILLES, dont les deux principales sont *Cuba et Haïti;*

§ 5. Dans l'Amérique du sud :

1° La NOUVELLE-GRENADE, capitale *Bogota;*

2° Le VÉNÉZUELA, capitale *Caracas;*

3° Les GUYANES, parmi lesquelles est la GUYANE FRANÇAISE, capitale *Cayenne;*

4° L'ÉQUATEUR, capitale *Quito;*

5° Le PÉROU, capitale *Lima;*

6° La BOLIVIE, capitale *Chuquisaca;*

7° Le BRÉSIL, capitale *Rio-Janeiro;*

8° Le PARAGUAY, capitale *l'Assomption;*

9° L'URUGUAY, capitale *Montevideo;*

10° Les ÉTATS DE LA PLATA, capitale *Buénos-Ayres;*

11° Le CHILI, capitale *Santiago;*

12° La PATAGONIE, pays peu connu; au sud est une île appelée la *Terre de feu* et séparée d'elle par le *détroit de Magellan.*

L'Amérique produit l'or, l'argent, les diamants, le sucre, le café, le tabac, le coton, les fourrures, etc.

CHAPITRE VII

OCÉANIE.

§1. **Géographie physique**. — L'Océanie est bornée par le *Grand océan* au nord, à l'est et au sud, et par le *détroit de Malacca* et l'*océan Indien* à l'ouest.

§2. **Description politique**. — Les îles de l'Océanie ont été divisées en trois parties :

1° La MALAISIE au nord, renfermant trois archipels : celui de la SONDE, où sont les îles de *Sumatra* et de *Java;* celui de BORNÉO et des MOLUQUES, — tous deux appartiennent aux Hollandais, — cap. *Batavia*, dans l'île de Java; l'archipel des PHILIPPIENS, aux Espagnols; cap. *Manille*, dans l'île de LUÇON;

2° La MÉLANÉSIE, ou îles des Noirs au sud : elle renferme l'AUSTRALIE, où sont les *montagnes Bleues* et le *Murray* au sud; elle appartient aux Anglais; villes princ. *Sidney* et *Melbourne;* au sud, la TASMANIE; au nord, la NOUVELLE-GUINÉE; à l'est, la NOUVELLE-CALÉDONIE, à la France;

3° La POLYNÉSIE, ou îles nombreuses, principaux archipels : au nord, les MARIANNES et les HAWAI ou SANDWICH; au centre les MARQUISES et TAITI, à la France; au sud, la NOUVELLE-ZÉLANDE, formée de deux grandes îles séparées par le détroit de Cook, aux Anglais.

L'Océanie produit les métaux précieux, les épices, la laine, etc.

CHAPITRE VIII

FRANCE.

§ 1. **Géographie physique.** — La France est bornée au nord par la *mer du Nord*, la *Belgique* et l'*Allemagne*.

A l'est, par le *Rhin*, le *Jura*, le *lac de Genève* et les *Alpes*.

Au sud, par la *Méditerranée* et les *Pyrénées*.

A l'ouest, par le *golfe de Gascogne*, l'*océan Atlantique*, la *Manche* et le *Pas-de-Calais*.

§ 2. — On appelle *bassin* l'espace arrosé par un grand fleuve, ses affluents et les fleuves secondaires qui l'entourent. La France est divisée en cinq bassins séparés par des chaînes de montagnes :

1° Dans la mer du Nord, le bassin du RHIN, comprenant son affluent, la *Moselle*, séparé de lui par les *Vosges,* et deux fleuves secondaires, la *Meuse* et l'*Escaut*, bornés à l'ouest par les *Ardennes*.

2° Dans la Manche, la SEINE, recevant à droite la *Marne* et l'*Oise*, à gauche, l'*Yonne* et l'*Eure ;* deux fleuves secondaires, la *Somme* et l'*Orne ;* au sud, sont les *monts du Morvan* et de *Bretagne*.

3º Dans l'océan Atlantique, la LOIRE, recevant à droite la *Maine*, formée du *Loir*, de la *Sarthe* et de la *Mayenne;* à gauche, l'*Allier*, le *Cher*, l'*Indre* et la *Vienne;* un fleuve secondaire, la *Vilaine;* au sud, les *monts d'Auvergne.*

4º Dans le golfe de Gascogne, la GIRONDE, formée de la *Dordogne* et de la *Garonne;* cette dernière reçoit à droite le *Tarn* et le *Lot;* deux fleuves secondaires, la *Charente* et l'*Adour;* au sud, les *Pyrénées*, dont le pic principal est le *mont Perdu.*

5º Dans la Méditerranée, le RHONE, qui reçoit à droite la *Saône*, grossie du *Doubs;* à gauche, l'*Isère* et la *Durance;* deux fleuves secondaires, l'*Aude* et le *Var;* les montagnes sont : les *Cévennes*. la *Côte-d'Or*, le *Jura* et les *Alpes*, dont le pic principal est le *mont Blanc.*

§ 3. — Parmi les îles on distingue : *Ouessant, Belle-Ile, Noirmoutiers, Ré* et *Oléron* dans l'Atlantique; la *Corse* dans la Méditerranée.

§ 4. **Géographie politique.** — La France était divisée autrefois en *provinces;* elle l'est aujourd'hui en 89 *départements.*

§ 5. 6 provinces au nord :

1º FLANDRE; a formé un département : NORD. ch.-l. *Lille;*

2º ARTOIS, un dép. : PAS-DE-CALAIS, ch.-l. *Arras;*

3° PICARDIE, un dép. : SOMME, ch.-l. *Amiens;*

4° NORMANDIE, cinq dép. : SEINE-INFÉRIEURE, ch.-l. *Rouen;* EURE, ch.-l. *Évreux;* CALVADOS, ch.-l. *Caen;* MANCHE, ch.-l. *Saint-Lô;* ORNE, ch.-l. *Alençon;*

5° ILE-DE-FRANCE, cinq dép. : SEINE, ch.-l. *Paris*, capitale de toute la France; SEINE-ET-OISE, ch.-l. *Versailles;* SEINE-ET-MARNE, ch.-l. *Melun;* OISE, ch.-l. *Beauvais;* AISNE, ch.-l. *Laon;*

6° CHAMPAGNE, quatre dép. : AUBE, ch.-l. *Troyes;* HAUTE-MARNE, ch.-l. *Chaumont;* MARNE, ch.-l. *Châlons;* ARDENNES, ch.-l. *Mézières.*

§ 5. 6 provinces à l'est :

1° LORRAINE, quatre dép. : MEUSE, ch.-l. *Bar-le-Duc;* MOSELLE, ch.-l. *Metz;* MEURTHE, ch.-l. *Nancy;* VOSGES, ch.-l. *Épinal;*

2° ALSACE, deux dép. : BAS-RHIN, ch.-l. *Strasbourg;* HAUT-RHIN, ch.-l. *Colmar;*

3° FRANCHE-COMTÉ, trois dép. : HAUTE-SAONE, ch.-l. *Vesoul;* DOUBS, ch.-l. *Besançon;* JURA, ch.-l. *Lons-le-Saulnier;*

4° BOURGOGNE, quatre dép. : YONNE, ch.-l. *Auxerre;* COTE-D'OR, ch.-l. *Dijon;* SAONE-ET-LOIRE; ch.-l. *Mâcon;* AIN, ch.-l. *Bourg;*

5° LYONNAIS, deux dép. : LOIRE, ch.-l. *Saint-Étienne;* RHONE, ch.-l. *Lyon;*

6° SAVOIE, deux dép. : HAUTE-SAVOIE, ch.-l. *Annecy;* SAVOIE, ch.-l. *Chambéry.*

§ 7. 10 provinces au sud :

1° DAUPHINÉ, deux dép. : ISÈRE, ch.-l. *Grenoble;* HAUTES-ALPES, ch.-l. *Gap;* DROME, ch.-lieu *Valence;*

2° COMTAT VENAISSIN, un dép. : VAUCLUSE. ch.-l. *Avignon;*

3° PROVENCE, trois départ. : BOUCHES-DU-RHONE, ch.-l. *Marseille;* BASSES-ALPES, ch.-l. *Digne;* VAR, ch.-l. *Draguignan;*

4° COMTÉ DE NICE, un dép. : ALPES-MARITIMES, ch.-l. *Nice;*

5° CORSE, un dép. : CORSE, ch.-l. *Ajaccio;*

6° ROUSSILLON, un dép. : PYRÉNÉES-ORIENTALES, ch.-l. *Perpignan;*

7° COMTÉ DE FOIX, un dép. : ARIÉGE, ch.-l. *Foix;*

8° LANGUEDOC, huit dép. : HAUTE-LOIRE, ch.-lieu *le Puy;* ARDÈCHE, ch.-l. *Privas;* LOZÈRE, ch.-l. *Mende;* GARD, ch.-l. *Nîmes;* HÉRAULT. ch.-l. *Montpellier;* TARN, cb.-l. *Alby;* AUDE. ch.-l. *Carcassonne;* HAUTE-GARONNE, ch-l. *Toulouse;*

9° BÉARN et NAVARRE, un dép. : BASSES-PYRÉNÉES, ch.-l. *Pau;*

10° GUYENNE ET GASCOGNE, neuf dép. : GIRONDE, ch.-l. *Bordeaux;* DORDOGNE, ch.-l. *Périgueux;* LOT, ch.-l. *Cahors;* AVEYRON, ch.-l. *Rodez;* TARN-ET-GARONNE, ch.-l. *Montauban;* LOT-ET-GARONNE, ch.-l. *Agen;* LANDES, ch.-l. *Mont-de-Marsan;* GERS, ch.-l. *Auch;* HAUTES-PYRÉNÉES, ch.-l. *Tarbes.*

§ 8. 6 provinces à l'ouest :

1° ANGOUMOIS, un dép. : CHARENTE, ch.-l. *Angoulême;*

2° AUNIS ET SAINTONGE, un dép. : CHARENTE-INFÉRIEURE, ch.-l. *la Rochelle;*

3° POITOU, trois dép. : VIENNE, ch.-l. *Poitiers;* DEUX-SÈVRES, ch.-l. *Niort;* VENDÉE, ch.-l. *Napoléon-Vendée;*

4° BRETAGNE, cinq dép. : LOIRE-INFÉRIEURE, ch.-l. *Nantes;* MORBIHAN, ch.-l. *Vannes;* FINISTÈRE, ch.-l. *Quimper;* COTES-DU-NORD, ch.-l. *Saint-Brieuc;* ILLE-ET-VILAINE, ch.-l. *Rennes;*

5° MAINE, deux dép. : MAYENNE, ch.-l. *Laval;* SARTHE, ch.-l. *le Mans;*

6° ANJOU, un dép. : MAINE-ET-LOIRE, ch.-l. *Angers.*

§ 9. 8 provinces au centre :

1° TOURAINE, un dép. : INDRE-ET-LOIRE, ch.-l. *Tours ;*

2° ORLÉANAIS, trois dép. : LOIRET, ch.-l. *Orléans;* EURE-ET-LOIR, ch.-l. *Chartres;* LOIR-ET-CHER, ch.-l. *Blois;*

3° BERRY, deux dép. : INDRE, ch.-l. *Château-roux;* CHER, ch.-l. *Bourges;*

4° NIVERNAIS, un dép. : NIÈVRE, ch.-l. *Nevers;*

5° BOURBONNAIS, un dép. : ALLIER, ch.-l. *Moulins;*

6° MARCHE, un dép. : CREUSE, ch.-l. *Guéret;*

7° AUVERGNE, deux dép. : PUY-DE-DOME, ch.-l. *Clermont;* CANTAL, ch.-l. *Aurillac;*

8° LIMOUSIN, deux dép. : HAUTE-VIENNE, ch.-l. *Limoges;* CORRÈZE, ch.-l. *Tulle.*

CHAPITRE IX

TERRE SAINTE.

§ 1. **Géographie physique.** — La TERRE SAINTE ou PALESTINE était située entre la Syrie au nord et à l'est; l'Arabie au sud; la Méditerranée à l'ouest.

§ 2. Montagnes. — A l'ouest, le *Liban*, le *mont Thabor*, où se passa la transfiguration de Jésus-Christ; le *mont Gelboé*, où Saül fut vaincu par les Philistins; le *mont Garizim*, où Jéroboam éleva un temple rival de celui de Jérusalem; à l'est, l'*Anti-Liban*, les *monts de Galaad* et le *mont Nébo*, où mourut Moïse.

§ 3. **Fleuves, lacs.** — Entre les deux chaînes coule, dans une vallée profonde, le *Jourdain*, qui traverse le *lac de Génésareth*, célèbre par la pêche miraculeuse qu'y firent les disciples de Jésus-Christ; il se jette dans le lac *Asphaltite* ou *mer Morte*. Cette dernière reçoit aussi le *Cédron*, qui passe à Jérusalem.

§ 4. **Géographie politique.** — La Palestine fut partagée entre les douze tribus; dix portaient les noms de dix fils de Jacob; les deux dernières portaient, à la place des noms de ses deux autres fils, Lévi et Joseph, ceux des deux fils de Joseph, Éphraïm et Manassé. Cette dernière tribu était elle-même divisée en deux demi-tribus : l'une à l'orient, l'autre à l'occident du Jourdain; il y avait donc treize cantons en Palestine.

§ 5. — Dix étaient situés à l'O. du Jourdain : AZER, NEPHTALI, ZABULON, sur le territoire duquel était *Nazareth;* ISSACHAR; la demi-tribu occidentale de MANASSÉ; EPHRAÏM, avec la ville de *Silo,* où l'arche était déposée sous les juges; DAN, SIMÉON, JUDA, où était *Bethléem,* et BENJAMIN, où étaient *Jérusalem* et *Jéricho.*

§ 6. — Trois cantons à l'E. du Jourdain : la demi-tribu orientale de MANASSÉ, GAD et RUBEN.

§ 7. — Au temps de Jésus-Christ, on trouve une autre division en quatre provinces : GALILÉE au nord, SAMARIE au centre, JUDÉE au sud, PÉRÉE à l'est.

§ 8. — Parmi les peuples voisins des Hébreux, on distinguait : au nord, les *Phéniciens,* avec la célèbre ville de *Tyr;* à l'est, les *Ammonites* et les *Moabites;* au sud, les *Edomites* ou *Iduméens* et les *Amalécites;* à l'ouest, les *Philistins,* avec les villes d'*Azoth,* d'*Ascalon* et de *Gaza.*

FIN.

PARIS. — IMPR. W. REMQUET, GOUPY ET Cie, RUE GARANCIÈRE, 5.

MAPPEMONDE

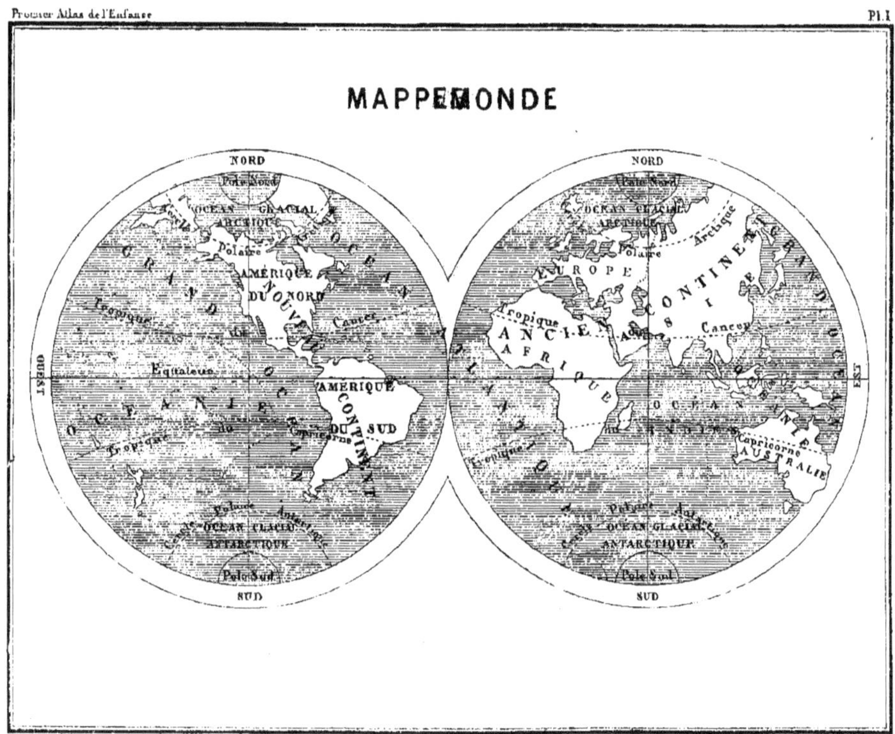

Lezobre et Thodes & Cie Éditeurs — J. Sédille, Gr. Lith. N. Montmartre, 8.

EUROPE
ISLANDE
Mt Hékla
OCÉAN GLACIAL ARCTIQUE
Cap Nord
Monts Ourals
Mer Blanche
L'Féroé
Shetland
Orcades
Christiana
NORVÈGE
SUÈDE
FINLANDE
EMPIRE
Hébrides
MER
Stockholm
L. Onéga
L. Ladoga
St Pétersbourg
ÉCOSSE
Édimbourg
DU NORD
Golfe de Botnie
G. de Finlande
L. Wener
Volga
DE
ILES BRITANNIQUES
IRLANDE
Dublin
ANGLETERRE
Copenhague
Dwina
Moscou
Londres
Amsterdam
La Haye
Bruxelles
Berlin
PRUSSE
Vienne
RUSSIE
Manche
ALLEMAGNE
POLOGNE
Varsovie
Dnieper
PARIS
Francfort
Danube
Vienne
Dniester
FRANCE
Loire
AUTRICHE
Isthme de Pérekop
Don
Bretagne
Alpes
Lac Balaton
Crimée
Mont Caucase
Gironde
Golfe de
Gascogne
Cévennes
Turin
Danube
MER NOIRE
ESPAGNE
Corse
Mts Balkans
TURQUIE
Constantinople
ASIE
PORTUGAL
Madrid
Lisbonne
MER MÉDITERRANÉE
Mer de Marmara
Détroit des Dardanelles
Ebre
Mt Vésuve
Sardaigne
Baléares
Détroit de Gibraltar
Mer Ionienne
Mt Etna
Sicile
Malte
Cap Matapan
Candie
GRÈCE
AFRIQUE
MÉDITERRANÉE
OCÉAN ATLANTIQUE
Mont Blanc
OCÉAN
ATLANTIQUE

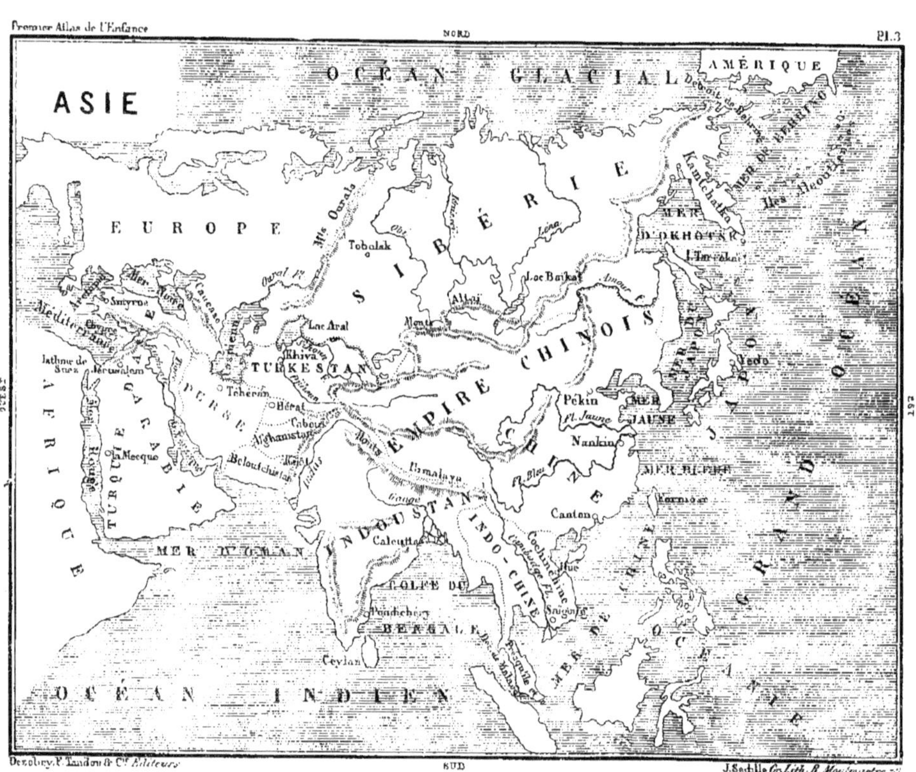
ASIE
OCÉAN GLACIAL
AMÉRIQUE
EUROPE
Détroit de Behring
MER DE BEHRING
Kamtchatka
Iles Aleoutiennes
Mts Ouralz
SIBÉRIE
Obi
Ienissei
Lena
Amour
MER
D'OKHOTSK
Tobolsk
I. Tarakai
Oural Fl.
Loc Baïkal
Altaï
JAPON
Ieddo
EMPIRE CHINOIS
Mer Noire
Smyrne
Caucase
Lac Aral
Mer
Méditerranée
Chypre
TURKESTAN
Memu
CHINE
MER
JAUNE
Pékin
Fl. Jaune
Isthme de
Suez
Jérusalem
Tchéram
PERSE
Hérat
Cabour
Afghanistan
Monts
Pékin
Nankin
MER BLEUE
ARABIE
TURQUIE
Beloutchistan
Kaboul
Himalaya
Fl. Bleu
Canton
Formose
AFRIQUE
La Mecque
INDOUSTAN
Gange
INDO-CHINE
Cochinchine Fl.
Calcutta
MER DE CHINE
GOLFE DU
Pondichéry
Cochinchine
Saigon
BENGALE
Presqu'île de Malacca
Ceylan
OCÉANIE
GRAND OCÉAN
MER D'OMAN
OCÉAN INDIEN

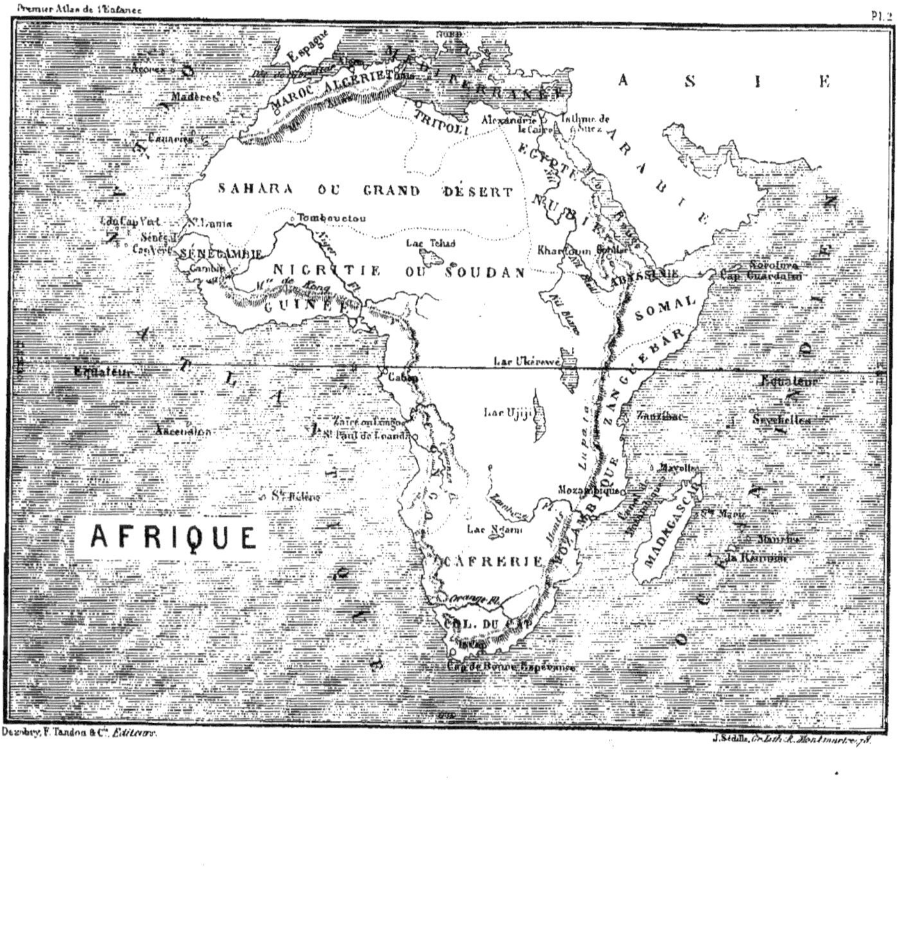

AFRIQUE

Açores · Madères · Canaries · I. du Cap Vert · Sénég.l · Cap Vert · Espagne · Ile de Gibraltar · MAROC · ALGÉRIE · Tunis · MÉDITERRANÉE · NORD · TRIPOLI · Alexandrie · le Caire · Isthme de Suez · ASIE

SAHARA OU GRAND DÉSERT

N. Lania · Tombouctou · Lac Tchad · ÉGYPTE · NUBIE · ARABIE · Mer Rouge

SÉNÉGAMBIE · Gambie · NIGRITIE OU SOUDAN · Niger Fl. · Mts de Kong · GUINÉE · Khartoum · Gondar · ABYSSINIE · Korotuva · Cap Guardafui · SOMAL

Nil Blanc · ZANGUEBAR

Équateur · Lac Ukéréwé · Équateur · Cabin · Lac Ujiji · Zanzibar · Seychelles

ATLANTIQUE · Ascension · Zaïre ou Congo · St Paul de Loanda · CONGO · Lupata · Mayotte · Mozambique · Canal de Mozambique · Ste Marie

St Hélène · Zambèze · Lac Ngami · Monts · MADAGASCAR · Ste Marie · La Réunion

CAFRERIE · MOZAMBIQUE · Orange Fl. · COL. DU CAP · Le Cap · Cap de Bonne Espérance

OCÉAN INDIEN

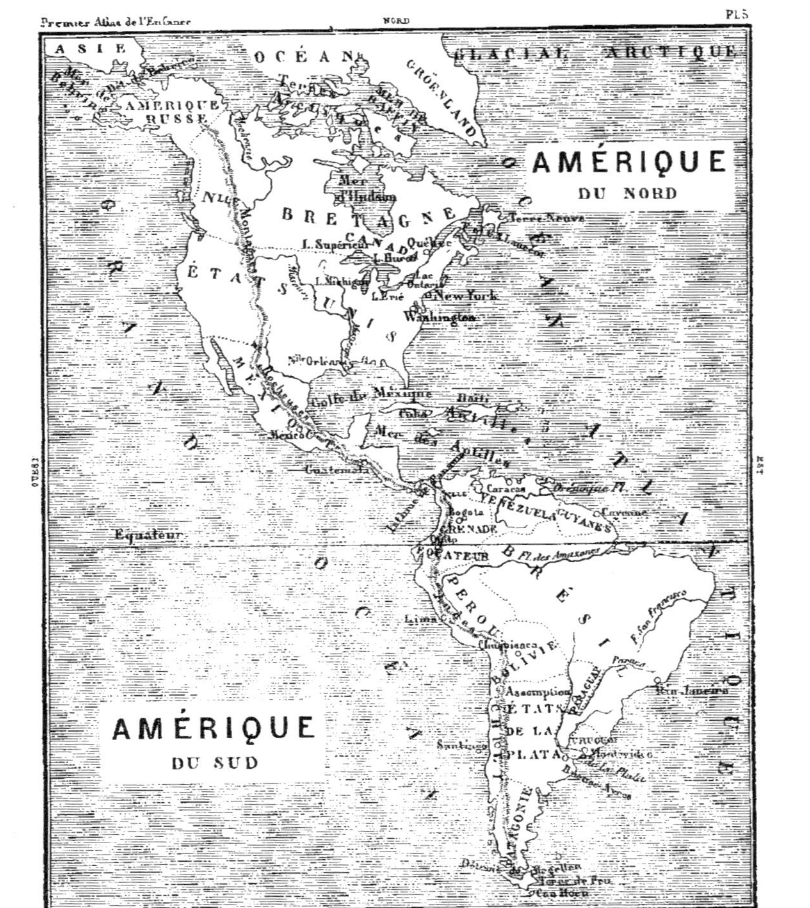
AMÉRIQUE
DU NORD
AMÉRIQUE
DU SUD
ASIE
OCÉAN GLACIAL ARCTIQUE
GROENLAND
AMÉRIQUE RUSSE
Mer de Behring
Terres Arctiques
Mer de Baffin
Mer d'Hudson
BRETAGNE
CANADA
Terre-Neuve
L. Supérieur
Québec
L. Huron
L. Michigan
Lac Ontario
L. Érié
New-York
Washington
ÉTATS-UNIS
Nlles Montagnes
Missouri
Mississipi
Nlle Orléans
MEXIQUE
Golfe de Mexique
Mexico
Guatemala
Haïti
Cuba
Mer des Antilles
OCÉAN ATLANTIQUE
GRAND OCÉAN
Caracas
Bogota
VENEZUELA
GUYANES
Cayenne
GRENADE
Quito
ÉQUATEUR
Fl. des Amazones
BRÉSIL
PÉROU
Lima
Chuquisaca
BOLIVIE
Rio Janeiro
Assomption
PARAGUAY
ÉTATS DE LA PLATA
URUGUAY
Santiago
Montévidéo
Rio de la Plata
Buenos-Ayres
PATAGONIE
Détroit de Magellan
Terre de Feu
Cap Horn
Équateur

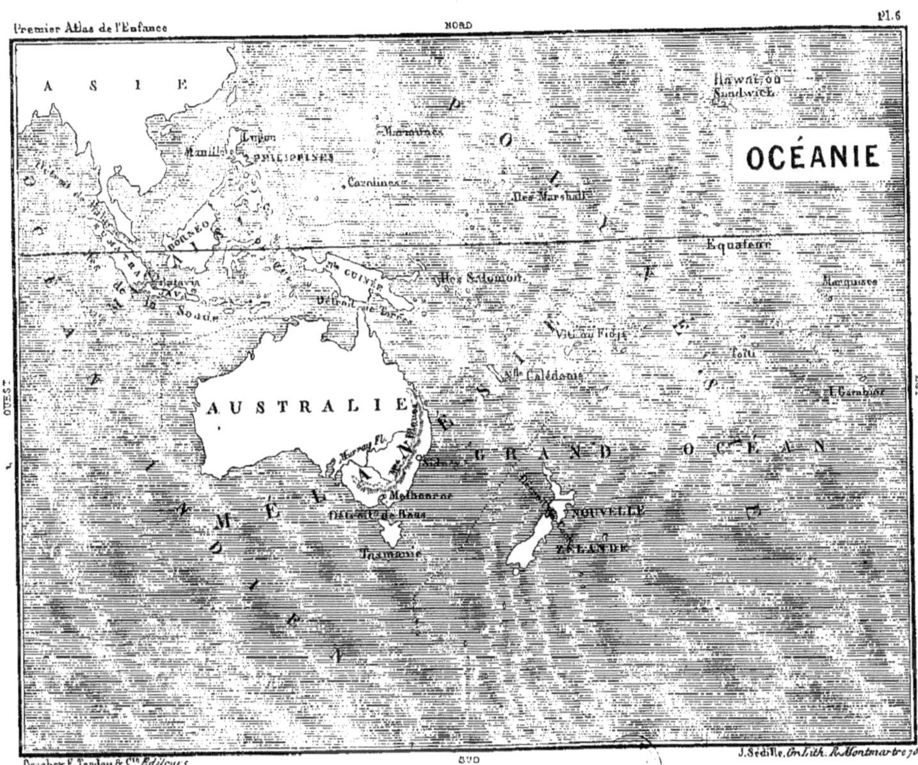

Desobry, P. Tandou & Cie Éditeurs   J. Sédille, On. Lith. R. Montmartre 76

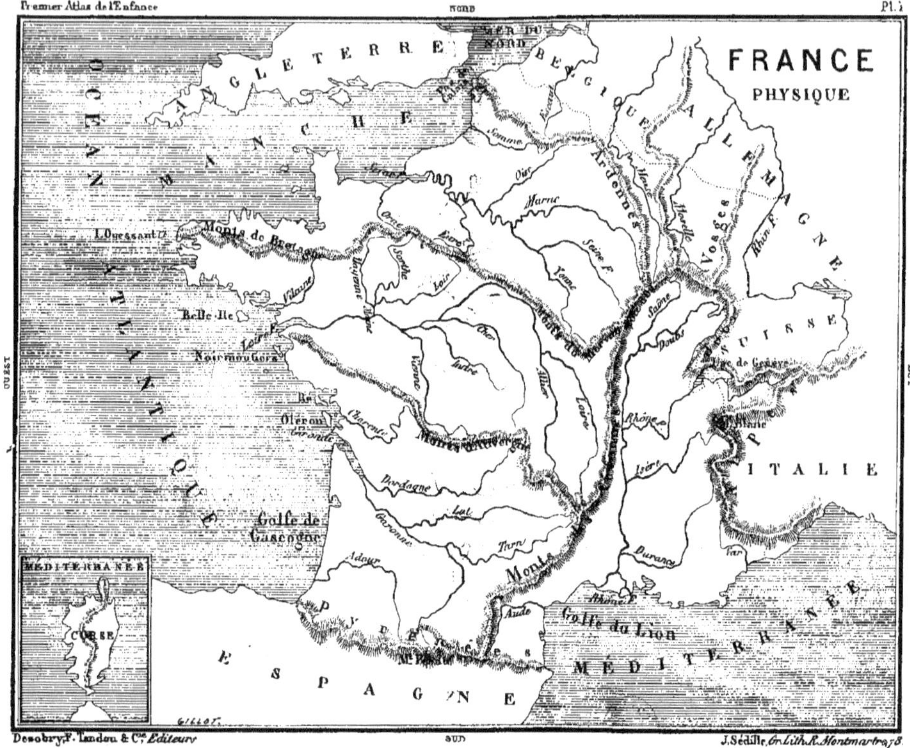

Desobry, F. Tandou & Cie Éditeurs — GILLOT — J. Sédille, Gr. Lith. R. Montmartre 78.

ANGLETERRE
BELGIQUE
ALLEMAGNE
MANCHE
SUISSE
ITALIE
OCÉAN
EST
CORSE
Ajaccio
FRANCE
Divisée
En 89
DÉPARTEMENTS
Lille
Somme
PAS-DE-CALAIS
Arras
Amiens
SEINE INF.E
Rouen
Beauvais
OISE
Laon
AISNE
Mézières
ARDENNES
MEUSE
MOSELLE
Metz
BAS
Strasbourg
St Lo
CALVADOS
EURE
SEINE
Paris
Versailles
Melun
SEINE ET OISE
MARNE
Châlons
MEURTHE
Nancy
RHIN
Colmar
HAUT
RHIN
St Brieuc
CÔTES DU NORD
ILLE
Rennes
ORNE
Alençon
EURE
SEINE ET MARNE
AUBE
Troyes
Chaumont
HAUTE
VOSGES
Epinal
HAUTE SAONE
Vesoul
Quimper
FINISTÈRE
MORBIHAN
VILAINE
ET
MAYENNE
le Mans
Laval
SARTHE
LOIR ET LOIR
Chartres
Orléans
LOIRET
YONNE
Auxerre
CÔTE
Dijon
D'OR
DOUBS
Besançon
Vannes
LOIRE INF.E
MAINE
Angers
INDRE ET CHER
Blois
Tours
CHER
NIÈVRE
Nevers
SAONE
ET LOIRE
JURA
Lons le Saulnier
Nantes
ET LOIRE
ET LOIRE
Bourges
Chateauroux
VENDÉE
DEUX
Napoléon Vendée
Poitiers
Niort
VIENNE
INDRE
ALLIER
Moulins
Macon
AIN
Bourg
SAVOIE
Annecy
la Rochelle
SÈVRES
CHARENTE
HAUTE
VIENNE
Limoges
CREUSE
Gueret
PUY
Clermont
ISÈRE
RHONE
Lyon
St Etienne
SAVOIE
Chambéry
Gironde
CHARENTE INF.E
Angoulême
CORRÈZE
DE DOME
HAUTE
Périgueux
Tulle
CANTAL
LOIRE
le Puy
ARDÈCHE
Privas
Grenoble
Valence
DRÔME
HTES ALPES
Gap
Bordeaux
DORDOGNE
GIRONDE
LOT ET LOT
Aurillac
LOZÈRE
Mende
GARD
BASSES
Digne
ALPES
ALPES MAR.es
Agen
TARN ET
Cahors
AVEYRON
Rodez
Mont de Marsan
LANDES
GARONNE
Montauban
Alby
Nîmes
VAUCLUSE
Avignon
VAR
Nice
Draguignan
GERS
GARONNE
TARN
Toulouse
HERAULT
Montpellier
BOUCHES
DU RHONE
Marseille
Auch
BASSES
Pau
Tarbes
HTES GARONNE
PYRÉNÉES
Carcassonne
AUDE
BASSES
PYRÉNÉES
HTES
PYR.es
Foix
ARIÈGE
PYRÉNÉES
OR.es
Perpignan

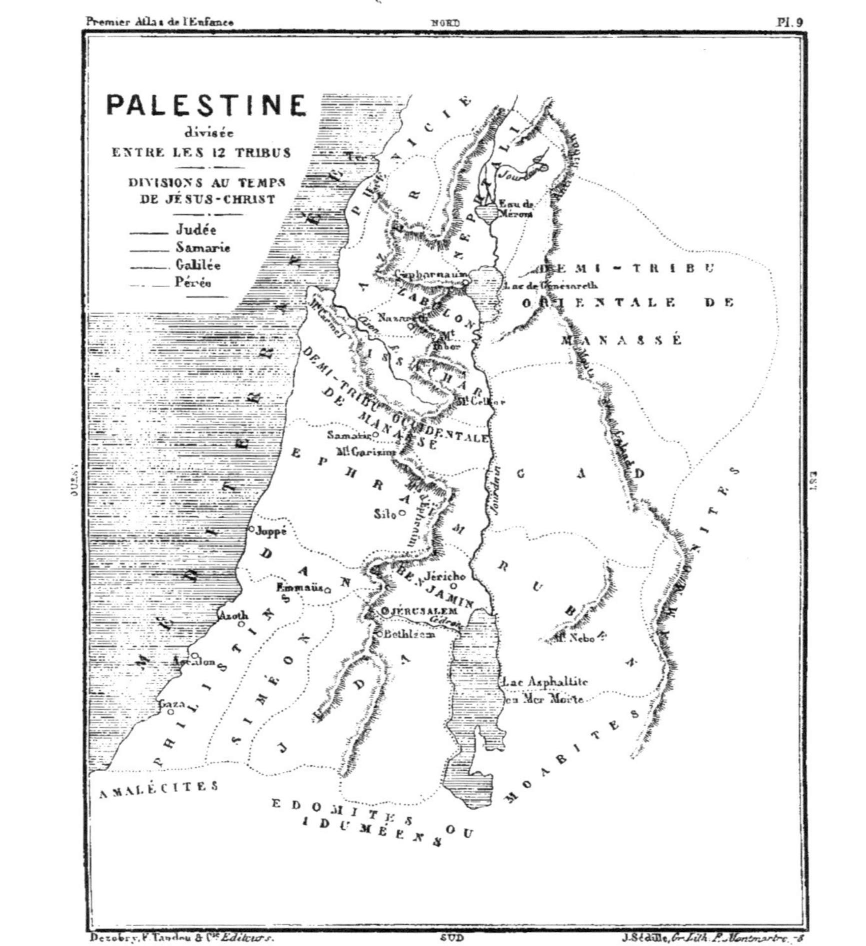
PALESTINE
divisée
ENTRE LES 12 TRIBUS

DIVISIONS AU TEMPS
DE JÉSUS-CHRIST

Judée
Samarie
Galilée
Pérée

PHÉNICIE
NEPHTALI
DEMI-TRIBU ORIENTALE DE MANASSÉ
ZABULON
Capharnaüm
Lac de Génésareth
Eau de Mérom
Nazareth
Mt Thabor
ISSACHAR
Mt Carmel
Cison
Mt Celboé
DEMI-TRIBU OCCIDENTALE DE MANASSÉ
Samarie
Mt Garizim
EPHRAIM
Silo
GAD
Jourdain
RUBEN
Joppé
DAN
BENJAMIN
Jéricho
Emmaüs
JÉRUSALEM
Cédron
Bethléem
Mt Nebo
Azoth
SIMÉON
JUDA
Ascalon
Lac Asphaltite
ou Mer Morte
Gaza
PHILISTINS
MÉDITERRANÉE
AMMONITES
AMALÉCITES
EDOMITES OU IDUMÉENS
MOABITES
OUEST
EST

A LA MÊME LIBRAIRIE :

PETIT ATLAS DE GÉOGRAPHIE CONTEMPORAINE, à l'usage de tous les établissements d'instruction publique et des écoles primaires, comprenant les 21 cartes suivantes : 1º Cosmographie ; 2º **Mappe**monde ; 3º Europe ; 4º France ; 5º Espagne ; 6º Italie ; 7º **Suisse** ; 8º Allemagne ; 9º Belgique ; 10º Angleterre ; 11º Russie ; 12º **Turquie** et Grèce ; 13º Asie ; 14º Afrique ; 15º Algérie ; 16º **Amérique du** Sud ; 17º Amérique du Nord ; 18º Océanie ; 19º **Palestine** ; 20º **France** physique ; 21º Marche des Hébreux dans le désert, par *Ch. Périgot*, agrégé de l'Université, professeur d'histoire et de géographie au lycée impérial de Douai, membre de la Société de géographie de Paris. 1 vol. in-8 écu. Prix, cartonné........ .... 1 25

ATLAS ÉLÉMENTAIRE DE GÉOGRAPHIE MODERNE, à l'usage de la jeunesse, par *F. Bazin*, professeur d'histoire et de géographie à l'École municipale Turgot. 13 cartes gravées sur acier et coloriées sur quart de grand raisin, accompagnées de légendes marginales, savoir : 1º Éléments de Cosmographie ; 2º Planisphère indiquant les principaux termes de Géographie ; 3º Mappemonde en deux hémisphères ; 4º Europe physique ; 5º Europe politique ; 6º Asie ; 7º Afrique ; 8º Amérique du Nord ; 9º Amérique du Sud ; 10º Océanie ; 11º France physique ; 12º France politique ; 13º Carte des principaux chemins de fer et des lignes de navigation de l'Europe. Prix, cartonné.. 2 50

CARTOGRAPHIE ÉLÉMENTAIRE DES ÉCOLES, méthode nouvelle et progressive de Géographie pratique, par laquelle, à l'aide de modèles exacts, l'Élève est exercé à repasser A L'ENCRE les CARTES-CALQUES MUETTES de chacun des 89 DÉPARTEMENTS de la FRANCE séparément, de la CARTE GÉNÉRALE DE LA FRANCE, de l'EUROPE et de ses CONTRÉES, des quatre autres PARTIES DU MONDE, de la MAPPEMONDE, etc., par MM. *Aug. Braud*, ancien chef d'institution, membre de la Société pour l'Instruction élémentaire et de la Société des méthodes d'enseignement, à Paris ; et *Loiseau Taupier*, professeur à l'Institution impériale des Sourds-muets de Paris, membre de la Société d'éducation et d'assistance des Sourds-muets en France.

Chaque CAHIER CARTOGRAPHIQUE, in-4º oblong, comprend :
Une **Carte modèle** écrite et coloriée ;
Trois **Cartes-Calques** d'exercices à remplir ;
Une **Notice** statistique, historique et biographique ;
Un **Questionnaire général** sur la notice ;
Un **Avis aux maîtres** sur l'emploi des CAHIERS CARTOGRA-
PHIQUES.

Prix de chaque cahier : 15 centimes.

On vend séparément la CARTE MODÈLE avec la NOTICE : 5 centimes.

CORBEIL, imprimerie de CRÉTÉ.